자본주의 위기의 시대

왜 사회주의인가?

국립중앙도서관 출판시도서목록(CIP)

자본주의 위기의 시대 : 왜 사회주의인가? / 앨런 마스 지음 ; 유정
, 이원웅 옮김. -- 서울 : 책갈피, 2012
  p. ;   cm

원표제: Case for socialism
원저자명: Alan Maass
영어 원작을 한국어로 번역
ISBN 978-89-7966-092-0 03300 : ₩9000

사회 주의[社會主義]

340.24-KDC5
335-DDC21   CIP2012003273

자본주의 위기의 시대

왜 사회주의인가?

앨런 마스 지음 | 유정·이원웅 옮김

책갈피

자본주의 위기의 시대
왜 사회주의인가?

지은이   앨런 마스
옮긴이   유정·이원웅
펴낸곳   도서출판 책갈피

등록   1992년 2월 14일(제18-29호)
주소   서울 중구 필동2가 106-6 2층
전화   02) 2265-6354
팩스   02) 2265-6395

bookmarx@naver.com
http://chaekgalpi.com

첫 번째 찍은 날 2012년 7월 23일
두 번째 찍은 날 2013년 9월 23일

값 9,000원

ISBN 978-89-7966-092-0 03300

잘못된 책은 바꿔 드립니다.

일러두기

1. 이 책은 Alan Maass, *The Case for Socialism* (Haymarket Books, Chicago, 2010)을 번역한 것이다.
2. 인명과 지명 등의 외래어는 최대한 외래어 표기법에 맞춰 표기했다.
3. 《 》부호는 책과 잡지를 나타내고, 〈 〉부호는 신문과 주간지, 방송, 영화를 나타낸다. 논문은 ""로 나타냈다.
4. 본문에서 [ ]는 옮긴이가 독자의 이해를 돕고 문맥을 매끄럽게 하려고 덧붙인 것이고, 지은이가 덧붙인 것은 [— 마스]이라고 표기했다.
5. 본문의 각주는 옮긴이가 설명을 첨가해 덧붙인 것이다.
6. 원문에서 이탤릭체로 강조한 부분은 고딕체로 나타냈다.

한국어판 머리말

"수십 년 동안 아무 일도 일어나지 않는가 하면, 수십 년 동안 일어날 일이 몇 주 사이에 한꺼번에 터지기도 한다."

러시아 혁명가인 레닌의 이 말이, 이 책을 출판한 2010년 봄 이후 2년 동안 몇 번이고 떠올랐다. 2010년에는 세계경제 위기의 파괴적 여파가 분명히 드러났다. 그러나 2011년에는 대중 저항과 혁명이 부활했고, 전 세계는 결코 돌아올 수 없는 강을 건넜다.

[2010년] 12월 17일 튀니지의 지방 도시 시디 부지드에 사는 무함마드 부아지지라는 청년이 자신의 몸에 불을 붙였다. 대학 교육을 받고도 행상으로 겨우 입에 풀칠을 하던 부아지지는 경찰에게 폭행을 당하고 생계 수단인 가판대를 압수당하자, 죽음으

로 저항한 것이다. 부아지지의 분신은 수많은 튀니지 민중에게 상징이 됐다. 사람들은 빈부 격차가 극심하고 악랄한 탄압을 일삼는 체제에서 도저히 못 살겠다고 느끼게 된 것이다. 몇 주 동안 항의 시위가 점점 커지면서 확산되더니 결국 수도인 튀니스에 이르렀다. 미국을 등에 업고 23년 동안 튀니지를 지배한 독재자 벤 알리는 질서를 회복하려 애썼지만, 병사들은 독재자의 명령을 따르지 않았다. 1월 14일, 부아지지가 순교한 지 한 달이 채 안 돼 벤 알리는 튀니지에서 도망쳤다.

튀니지 혁명은 다른 나라 사람들에게 충격을 줬다. 이집트에서는 민주화 투쟁의 고참 활동가들이 1월 25일 카이로에서 시위를 벌이자고 호소하자, 여태껏 본 적 없는 뜨거운 호응이 일어났다. 며칠 후 거리로 모인 인파는 수십 만 명으로 불어났고, 중동에서 미국 제국주의의 대들보 구실을 하던 호스니 무바라크 정권은 통제력을 잃지 않으려고 안간힘을 썼다.

이렇게 해서 아랍의 봄이 시작됐다. 북아프리카에서 남아시아와 중앙아시아까지 반란의 물결이 이어지며, 바레인·예멘·리비아·요르단·알제리·시리아 등지에서 독재 정권이 잇따라 휘청거렸다.

이집트에서는 혁명적 과정이 계속됐다. 수십 년 동안 일어날 일이 한꺼번에 터진 그 몇 주 사이에는 날마다 새로운 상황이 펼쳐졌다. 타흐리르 광장에서 사상 최대 규모의 시위가 벌어졌고, 정권이 고용한 깡패들의 습격으로 유혈 사태가 일어났다. 이에 맞서 타흐리르 광장을 지키려고 거대한 인파가 쏟아져 나왔고, 정권은 저항 운동의 지도자들을 포섭하려고 책략을 부렸다. 무바라크는 결코 하야하지 않겠다고 선언했고, 파업 물결이 이집트 전역의 대도시와 산업 지대로 확산됐다.

카이로 거리의 광경과 혁명가들이 들려주는 소식들은 아랍 전체의 반란을 상징했기에 열광적 호응을 얻었다. 유명 인사의 스캔들이나 정치판의 시답잖은 사건 보도에 열을 올리던 미국의 뉴스 케이블 방송사들조차 눈앞에서 벌어지는 이 투쟁의 중요성을 파악한 듯했다.

결국 2월 11일, 몇 주 전만 해도 꿈만 같았을 일이 실제로 벌어졌다. 무바라크가 하야하면서 31년 동안 지속된 독재 체제가 무너진 것이다.

이것은 사회주의자들이 거듭거듭 강조했던 중요한 교훈을 또 한 번 확인시켜 준 생생한 사례였다. 그 교훈이란 아무리 강력한 독재자라도 대중의 저항에는 취약하며, 독재자가 몰락하기 전까지는 어느 누구도 독재자의 몰락을 예상하지 못한다는 것, 심지어 제 손으로 독재자를 끌어내리게 될 사람들조차도 예상하지 못한다는 것이다. 다만 이번 이집트에서 벌어진 일은 먼 옛날 이야기가 아니라, 지금 여기의 일이라는 점에서 특별했다.

아랍의 봄은 세계 도처의 민중에게 용기를 줬고, 이 점은 미국에서도 마찬가지였다. 그러나 그때 미국의 민중은 예상치 못한 대중 저항에서 나름대로 교훈을 얻으려 하고 있었다. 이집트에서 무바라크가 몰락한 2월 11일에, 미국에서는 '중서부의 중심지'인 위스콘신 주의 주지사이자 우파 공화당원인 스콧 워커가 공공 부문 노동조합의 권리를 박탈하는 법안을 발의했다.

워커는 그 법안이 그렇게 심한 반대에 부딪힐 줄 몰랐고, 많은 활동가들도 그렇게 생각했다. 그러나 주도 매디슨에 있는 위스콘신대학교에서 조교로 일하던 학생들이 집회를 호소하자, 기대를 훌쩍 뛰어넘는 결과가 나왔다. 주의회 의사당에서는 날마다 집회가 열렸고, 인근 지역의 노조 활동가들도 참가해서 '매디슨의 무바라크'를 규탄했다. 매디슨의 교사들이 불어나는 시위대를 지지하면서 비공식 병가 파업을 조직하자, 위스콘신 주 교사노조도 전 조합원에게 비공식 병가 파업을 권유했다. 고등학생들은 분노한 노조원들의 대열을 이끌고 의사당으로 들어가서 24시간 점거를 시작했다. 그래서 주의회는 공화당이 우세했음에도 주지사의 법안을 강행 처리하지 못했다.

위스콘신의 반란은 미국에서 오랫동안 진행돼 온 정치적 급진화(이 책이 보여 주는)가 현실로 나타난 사건이다. 2000년대 부시 집권기에는 점차 경멸받는 대통령과 그가 일으킨 끔찍한 전쟁을 거부하는 것으로 그런 급진화가 나타났다. 월가가 붕괴하고 경제 위기가 닥치면서 자본주의가 고장났다는 것이 드러나자 정치적 급진화는 더 뚜렷해졌다. 그러나 새로 떠오른 성소수자 투쟁이나 이민자 권리 운동 등 몇몇 사례를 빼면, 그런 급진화에 호응하는 기층의 투쟁은 거의 없었다.

위스콘신은 그 장벽을 넘어섰다. 아랍의 봄에 고무된 이 운동에 참여하고 지지를 보낸 사람들은 대중행동의 힘을 맛봤고, 세상을 제대로 바꾸려면 투쟁이 중요하다는 것을 깨달았다.

워커는 노소를 탄압하는 법을 끝내 통과시켰지만, 위스콘신의 투쟁은 그해 말 미국 전역으로 확산된 운동의 발판이 됐다. 월가 점거 운동의 발판이 된 것이다.

월가 점거 운동은 뉴욕 도심에서 겨우 수백 명이 참가한 시위로 시작됐다. 시위자들은 금융가에서 몇 블록 떨어진 자그마한 주코티 공원에 월가 점거를 위한 캠프를 차렸다. 시위를 준비했던 사람들은 첫 참가자 수에 실망했다. 그러나 인종차별적인 사형 집행에 반대하는 투쟁, 노동자들의 희생을 요구하는 협약에 반대하는 버라이즌 통신 노동자들의 투쟁, 주택 압류와 뉴욕 경찰의 검문검색 방침을 저지하려는 투쟁 등이 벌어지면서 주코티 공원은 이런 여러 투쟁의 초점이 됐고, 그에 따라 월가 점거 운동도 본격적으로 전개되기 시작했다. 다른 도시의 활동가들도 뉴욕의 선례를 따라 캠프를 설치했고, 그런 캠프들은 점거 운동의 상황실이 됐다.

월가 점거 운동은 미국 방방곡곡에 쌓여 있던 온갖 불만이 한꺼번에 터져 나온 것이었다. 실업, 심화하는 빈곤, 노동 대중의 생활수준 하락에 공모하는 정치 지도자들, 소수자 집단에게 특히 큰 타격을 준 사회적 위기, 세계 최고 부자 나라라는 곳에서 커져 가는 빈부 격차 등이 자아낸 불만이었다. 점거 운동의 슬로건인 "우리가 99퍼센트다"는, 이 투쟁에는 서로 싸우는 두 편이 있고 우리 편은 너무 오래 침묵했으며 이제는 뭔가 해야 한다는 초보적 각성을 표현한 것이다.

점거 운동은 이미 운동에 헌신하던 소수의 활동가들이 핵심이 돼 시작한 운동이고, 시간이 흐르면서 점점 더 많은 사람들이 동참했다. 그러나 이 운동의 엄청난 강점은 그보다 훨씬 더 많은 사람들이 그 투쟁을 기업의 탐욕과 부패에 맞선 싸움으로 보고 지지했다는 데 있다.

점거 운동에 영향을 준 것은 아랍의 봄만이 아니었다. 전 세계에서 벌어진 투쟁들도 영향을 미쳤다. 예컨대, 유로존의 부채 위기로 스페인 대중에게 강요된 극단적 긴축 정책에 항의한 '인디그나도스'[분노한 자들] 운동이 그 예다.

유로존 위기의 진앙지는 그리스다. 이곳에서는 경제를 '구제'한다는 명분으로 노동계급 대중의 허리띠를 계속 조르지만, 실제로는 은행가들만 구제받을 뿐이다. 그래서 그리스에서도 '인디그나도스' 운동이 벌어졌다. 2011년에는 '광장 [점거] 운동'이 등장했고, 그와 함께 총파업이 몇 차례나 벌어졌으며, 대규모 시위도 꾸준히 이어졌다. 2012년 봄이 되자 이 투쟁의 열기는 선거 결과에 반영됐다. 급진좌파연합, 즉 시리자는 긴축을 강요하는 유럽 지배자들의 정책을 거부하겠다고 공언하며 두 번이나 총선에서 거의 승리할 뻔했다.

사실 2011년과 2012년에 벌어진 어떤 투쟁도 목표의 일부라도 이뤘다고 말하기는 어렵다. 가령 그리스에서는 대규모 시위가 계속 이어지고 선거에서 좌파적 대안이 폭발적 지지를 받았지만, '재정 책임성'을 앞세운 야만적 정책도 여전히 계속되고 있다. 그리스 서민들의 상황, 즉 노동계급 가구의 실질소득이 절반으로 줄고, 공공 병원에 약이 떨어져 환자들을 집으로 돌려보내고, 공립학교에 책과 학용품이 없는 현실은 마치 전쟁으로 박살난, 미군 점령 치하 이라크인들의 삶과 비슷하다. 사실, 그리스는 전쟁으로 파탄 난 나라다. 다만 그 전쟁이 경제적 전쟁이고, 군 장성이 아니라 은행가와 자본가들이 전쟁을 지휘한다는 점만 다를 뿐이다.

이집트에서는 최고군사위원회의 군 장성들이 이끄는 구체제 잔당들이 권력을 되찾으려고 애써 왔다. 이들은 민주주의를 요구하는 시위와 노동자들의 조직 건설 노력을 탄압했고, 2012년 봄 대통령 선거에서 무바라크의 부하였던 자를 당선시키려 했다.

위스콘신에서는 노조 지도자들과 민주당 의원들이 의사당 점거를 멈추고 주지사 소환 투표를 하자고 했지만, 정작 스콧 워커는 이 투표에서 승리해 소환을 면했다. 월가 점거 운동도 다른 여러 도시에서 경찰의 용의주도한 공격으로 캠프장이 잇따라 봉쇄

되자 어려움에 빠졌다. 물론 이 운동은 노동계급 거주지와 빈민가에서 강제 퇴거를 막는 직접행동이나 지역 노동자 투쟁에 연대하는 활동 등의 형태로 지금까지 이어지고 있지만, 그런 운동이 언제나 언론의 주목을 받는 것은 아니다.

투쟁이 최고조에 이르지 않은 이런 시기에는 사회주의자들의 활동 하나하나가 매우 중요하다. 즉, 여러 세대의 사회주의자들과 마르크스주의자들이 과거의 투쟁에서 이끌어 낸 교훈과 결론을 제시하고, 미래를 위해 조직하는 데 헌신하는 사람들을 결집시키는 활동이 매우 중요하다. 현재의 작은 투쟁이 다가올 거대한 투쟁의 바탕이 된다는 역사의 교훈을 잊어서는 안 된다.

자본주의의 폐해(경제적·사회적·정치적 폐해)가 지금처럼 분명히 드러난 적은 없었다. 그러나 최근 여러 나라에서 이 체제의 대안이 나타나고 있다. 잔인하고 불의한 체제에 맞설 수 있고, 마침내 새로운 체제를 건설할 수 있는 단결된 노동계급의 힘이 나타나고 있는 것이다. 그 대안이 바로 사회주의고, 이 책은 바로 그 대안을 옹호한다.

2012년 7월 10일
앨런 마스

머리말

자본주의는 고장났다.

미국과 전 세계의 수많은 사람들에게 이보다 더 정확한 설명은 없다. 매일, 매주, 매달 자본주의가 고장났다는 증거가 쌓이고 있다. 기아와 빈곤이 갈수록 심각해지고 일자리가 사라지고 있다. 주택이 압류당하고 전쟁과 환경 파괴도 계속되고 있다. 그러나 극소수 특권층은 평범한 사람들의 고통에 아랑곳하지 않고 상상조차 할 수 없는 어마어마한 부와 특혜를 누리며 삶을 즐긴다.

우리 사회 대다수 사람들에게, 자본주의 체제를 옹호하는 주장들(열심히 일하고 희생을 감수하면 그에 따른 보상을 받고 출세하고 우리 아이들은 더 좋은 기회를 얻을 것이라는 주장들)은

엉터리임이 드러났다. 오히려 하루하루 먹고살기도 점점 더 어려워지고 있다. 만약 운이 나빠서 사고를 당하거나 뜻밖의 곤경에 처한다면? 아니면 미국의 수많은 사람들처럼 가난한 집에서 태어나 아예 '출세'할 기회조차 없다면? 그렇다면 어떻게 될까?

에번 구티에레즈의 사례를 살펴보자. 로스앤젤레스의 교회 복지 센터에서 일하던 에번은 월가 금융 위기로 예산이 삭감돼 2008년 12월에 일자리를 잃었다. 에번은 차터스쿨*의 음악 교사로 채용됐지만 일을 시작하자마자 학교가 문을 닫았다. 곧 아기가 태어날 예정이었지만 에번 부부는 돈을 아끼려고 14평 아파트로 이사했다. 그래도 집세를 감당하기 어려워 에번은 자신이 일했던 교회의 자선기금에 도움을 요청해야 했다. 에번은 〈뉴욕 타임스〉에 다음과 같이 말했다. "우리는 누구나 열심히 일하고 노력하면 부자가 된다는 말을 듣고 자랐습니다. 그렇지만 솔직히 말해 열심히 노력한다고 해서 상황이 나아질지 모르겠습니다. 지금 상황은 제가 도저히 어찌할 수 없습니다."

로스앤젤레스 북쪽 도시 링컨에서는 페럴 가족이 고군분투하고 있다. 다행히 2009년 연말 휴가가 다가오는 시점까지 제프 페럴은 작업장 안전을 점검하는 지방 공무원이었다. 그러나 주지사

---

* charter school, 공적 자금을 지원받지만 다른 공립학교와 달리 규제·감독을 받지 않고 사적으로 소유·운영되는 초중등 학교로, 시장주의 교육 '개혁'의 실패 사례라 할 수 있다.

아널드 슈워제네거가 주 예산을 삭감하고 한 달에 이틀씩 무급 휴직을 시행하는 바람에 페럴의 임금이 10퍼센트나 삭감됐다. 이 때문에 섀런 페럴은 윈코 할인 마트로 장 보러 가기 전에 은행의 수신자 부담 번호로 전화를 걸어 통장 잔액이 얼마나 남았는지 확인하고, 장을 보면서도 계산기를 두드리며 자신이 산 물건의 가격이 통장 잔액을 넘지 않았는지 확인한다. 섀런은 "우리 가족은 오랫동안 고기를 못 먹어서 지금은 정말이지 거의 뼈만 남은 상태다" 하고 말한다.

제프와 섀런에게는 쌍둥이 딸이 있는데, 이 쌍둥이는 나중에 커서 이 나라 반대편에 사는 콜린 라일리가 겪고 있는 어려움을 겪게 될지도 모른다. 콜린은 2009년 5월에 로드아일랜드대학교를 졸업했지만 그녀가 구할 수 있었던 가장 괜찮은 일자리는 고작 주 20시간짜리 파트타임이었다. 콜린은 아파트 임대료를 감당할 수 없어 부모 집으로 옮겼다. 2009년 말, 여전히 정규직 일자리를 찾고 있는 콜린에게 학자금 대출 1만 달러를 갚으라는 첫 고지서가 날아왔다. 게다가 콜린의 부모가 가입한 의료보험에는 콜린이 포함되지 않으므로 콜린은 의료보험도 없어졌다.

멕시코에 살던 이그나시오 산체스는 가족을 먹여 살리려고 미국으로 건너왔다. 이그나시오는 뉴욕에서 일용직 건설 노동자로 일하며 가끔은 하루에 200달러를 벌기도 했고 최대한 많은 돈을 고향에 있는 가족에게 보냈다. 그러다 경제 위기가 닥쳤고 일자리를 구하기가 어려워졌다. 이그나시오도 더는 집세를 감당할 수 없었다. 노숙자 쉼터에서는 신분증을 요구할까 봐 두려워서 이그나시오와 미등록 노동자들은 거리에서 밤을 보내는데, 흔히 퀸스의 철교 아래서 노숙했다. 〈뉴욕 타임스〉는 철교 아래 상황을 다음과 같이 묘사했다. "철로 주변에는 빈 맥주병, 낡은 성경 책, 구겨진 어린아이 사진 등 괴로움을 달래려고 사용한 물건들이 나뒹굴고 있다." 이그나시오는 자신의 절망적 상황을 한마디로 요약했다. "이건 사는 게 아니에요."

이런 이야기들은 예외적인 것이 아니다. 미국 어디서나 이런 사람들을 만날 수 있다. 사람들을 이렇게 암울한 상황으로 내몬 경제 위기는 실업, 빈곤, 굶주림, 주택 압류, 의료보험 혜택 등 노동계급의 생활수준을 보여 주는 모든 지표를 적어도 한 세대 만에 최악의 수준으로 끌어내렸다. 21세기의 두 번째 10년을 맞이하는 지금, 대다수 사람들은 미래가 나아질 것 같지 않다는 에번의 말에 공감한다. 에번을 비롯한 많은 사람들은 자본주의 체제가 자신들을 궁지에 몰아넣는다고 느낀다.

2009년 4월 라스무센 리포츠가 실시한 여론조사에서 사회주의보다 자본주의가 나은 체제라고 답한 미국인이 가까스로 절반을 넘은 것은 놀라운 일이 아니다. 30세 미만에서는 사회주의와 자본주의를 선호하는 비율이 각각 절반이었다. 세계에서 가장 부유한 나라에서조차 자본주의와 자본주의의 뒤집힌 우선순위에 대한 불만이 자라고 있으니 다른 나라는 더 말할 것도 없다. 고통스럽고 불공정한 세계를 바꿀 대안이 있어야 한다는 생각이 갈수록 많은 사람들을 사로잡고 있다.

글렌 벡* 같은 사람들에게는 이런 상황이 전혀 달갑지 않다. 벡은 [사회주의라는] 유령에 시달린다고 해도 과언이 아니다. 2009년 1월 벡은 자신의 라디오 쇼에서 특유의 떨리는 목소리로 다음과 같이 말했다. "미국에서 사회주의는 더는 나쁜 것이 아닌 듯합니다. 많은 사람들이 '그래, 사회주의가 그렇게 나쁜 것만은 아니야' 하고 말합니다."

물론 벡을 비롯한 호들갑스런 우파들은 사회주의가 미국을 휩쓸고 있다는 주된 근거로 오바마의 대선 승리를 들먹인다. 그러나 오바마 스스로 자신은 사회주의자가 아니라고 강하게 부인할 뿐 아니라 이를 입증하려고 행동하고 있으므로 우파들의 이런 주장은 설득력이 없다. 오바마는 골드만삭스 출신들을 재무부 관리로 임명하고, 미국이 주도하는 전쟁을 확대하고, 현 상태를 유지하는 것이 자신의 최우선 과제인 듯 처신한다.

오바마가 문제의 전부라면 벡은 두 발 뻗고 편히 잘 수 있을 것이다. 그러나 미국에서 사회주의가 정치 쟁점으로 다시 등장한 데는 번지수 잘못짚은 우파들이 오마바에게 느끼는 공포보다 더 근

---

* 보수적인 우파 방송인 겸 정치 평론가.

본적인 원인이 있다. 2008년 말 세계 금융 시스템은 거의 붕괴하다시피 했다. 부시 정부뿐 아니라 오바마 정부도 국민의 세금으로 은행가들을 살리려고 신속하게 행동했다. 이 대불황의 여파는 지금도 계속되고 있다. 재앙적인 이라크 침공과 점령도 끝나지 않았다. 뉴올리언스를 강타한 허리케인 카트리나의 악몽과 냉담하리만치 무심했던 정부의 태도도 사람들의 기억 속에 생생하게 남아 있다. 편협한 기독교 우파들은 히스테리를 부리고, 선거운동 당시의 공약과 다른 정책을 펴는 신임 대통령에 대한 불만이 커지고 있다.

수십 년 동안 확고했던 생각, 즉 자본주의가 아무리 결함이 많더라도 실행 가능한 유일한 체제라는 생각이 산산조각 나면서 다른 대안이 절실하다는 생각이 확산됐다. 문제는 '다른 대안'이 무엇이어야 하는가다. 대안은 무엇인가?

이 책이 제안하는 대안은 사회주의다. 그러나 허풍쟁이 글렌 벡이나 그 밖의 우파들이 신경질적으로 묘사하는 사회주의가 아니라 진정한 사회주의다. 옛 소련이나 현존하는 스탈린주의 전체주의, 예를 들어 북한이나 친기업적이고 혹사 공장의 천국인 중국은 사회주의가 아니다. 사회주의는 스스로 사회주의 정당을 표방하지만 보수정당과 별반 다르지 않게 친자본주의 정책을 펴는 유럽의 중도좌파 정당들과도 상관없다.

진정한 사회주의 전통은 이 모든 것과는 근본적으로 다르다. 사회주의의 핵심은 평범한 노동 대중이 착취와 억압과 불의에 맞서 투쟁해서 아래로부터 새로운 사회를 건설하는 것이다. 삶의 으뜸 목표가 이윤과 권력이 아닌 사회, 평등과 민주주의와 자유를 기본 원칙으로 조직되는 사회가 바로 사회주의다.

가난한 사람들의 재산을 훔쳐서 부자에게 주는 사회

우리는 끔찍이도 불평등한 세계에 산다. 세계 인구의 거의 절반이자 미국 인구의 열 배에 달하는 30억 명이 하루에 2달러 50센트[약 2700원] 미만으로 산다. 10억 명이 영양실조로 고통받으며 날마다 굶주린 배를 달래며 잠자리에 든다. 세계 인구 다섯 명 가운데 두 명은 물 부족에 시달리고, 네 명 가운데 한 명은 기본적 전기도 없이 살아간다. 미국에서조차 다섯 명 가운데 한 명이 빈곤한 가정에서 태어나고, 25세에서 75세 사이에 적어도 1년은 빈곤선 이하의 삶을 살 확률이 절반 이상이다.

많은 사람들이 절망적 고통을 겪고 있지만 우리 사회에는 평범한 사람들이 상상조차 하기 힘든 엄청난 부가 존재한다. 얼마나 많은 부가 있는지 예를 들어 보자. 2008년 말 미국 노동부가 보고한 제조업 노동자 평균 연봉은 3만 7107달러인데, 이 돈을 모두 20달러 지폐로 가지고 있다고 치자. 이 지폐를 한 줄로 이으면 928피트가 된다. 대략 283미터이고 축구장 한 바퀴의 4분의 3 정도 길이다.

그럼 이제 마이크로소프트 설립자 빌 게이츠를 보자. 미국의 경제 전문지 〈포브스〉가 발표한 2009년 미국 부자 순위를 보면, 빌 게이츠의 재산은 500억 달러다. 마찬가지로 빌 게이츠의 재산을 20달러 지폐로 바꿔 한 줄로 이으면 38만 999킬로미터다. 축구장 100만 바퀴를 돌 수 있는 길이다. 지구를 여섯 바퀴나 돌 수도 있다.

빌 게이츠의 지폐로 지구에서 달까지 연결할 수도 있다.

2007년 시작된 금융 위기로 갑부들의 재산이 약간 줄었다. 그러나 〈포브스〉 기사를 보면 2009년 현재 세계에서 가장 부유한 억만장자 793명의 재산이 모두 합쳐 2조 4000억 달러다. 세계은행이 집계한 사하라 사막 이남 아프리카 나라들의 국내총생산을 모두 합친 것의 갑절이고 전 세계 소득 하위 50퍼센트의 연간 수입을 모두 합친 것보다도 많은 돈이다.

잘못 읽은 게 아닌지 눈을 의심할 수도 있지만 제대로 읽은 것이다. 793명의 재산이 30억 명의 재산을 합친 것보다 많다.

이 소수의 특권층은 도대체 무엇을 하기에 다른 사람들보다 훨씬 많은 재산을 가지고 있는가? 이 물음에 답하다 보면 앞서 불평등을 언급할 때보다 더 화가 난다.

이 특권층 가운데 한 명을 예로 들어 보자. 월가 투자회사인 블랙스톤그룹의 회장 스티븐 슈워츠먼은 2008년에 미국에서 연봉을 가장 많이 받는 CEO였고, 2009년에 〈포브스〉가 선정한 미국 부자 400명 가운데 50위였다. 슈워츠먼은 2008년에 7억 200만 달러를 긁어모았는데, 블랙스톤그룹이 주식을 상장하면서 주가가 폭등한 덕분이다.

블랙스톤은 무슨 일을 하기에 고위 임원들에게 이토록 후한 보수를 줄 수 있는가? 블랙스톤은 세계 유수의 사모펀드 회사로, 기업 인수 전략을 개척하는 데 한몫했다. 사모펀드는 투자자를 모아서 어느 기업의 주식을 매입해 경영권을 인수하고, 거액을 대출받아 구매 자금을 조달하고, 사업을 구조조정 해서 비용을 절감하고 현금을 확보한 후 기업을 재매각해 부채를 갚고 막대한 이윤을 챙긴다. 기본 원리는 싸게 사서 비싸게 파는 것일 뿐이지만 이윤을 낼 수 있는 비결은 월가에서 레버리지라고 부르는 차입이다. 기업 매입 가격의 일부만 투자해 경영권을 인수할 수 있으므로 초기 투자 대비 수익률이 어마어마하다.

블랙스톤은 다른 분야로 사업을 확장했다. 부동산에도 손대고 헤지펀드도 운영한다. 그러나 이런 사업도 블랙스톤의 본업과 별반 다르지 않다. 즉, 경제나 사회에 유용한 기여를 전혀 하지 않는다. 블랙스톤은 기업을 새로 설립하거나 혁신적 상품을 개발하지 않는다. 가장 중요한 활동은 기생충처럼 떠돌아다니는 것이다. 블랙스톤은 기존 회사를 사들여 돈을 빨아먹은 후 최대한 빨리 팔아 치운다. 블랙스톤 같은 회사는 금융계의 메뚜기 떼다. 메뚜기 떼는 성경에 나오는 것처럼 논밭에 몰려와 농작물을 모조리 먹어 치우고 다른 곳으로 떠난다.

스티븐 슈워츠먼은 이런 메뚜기 떼 같은 사업 방식으로 돈을 벌었다. 그는 맨해튼의 파크애버뉴에 있는 대저택에서 호화롭게 산다. 2000년 5월 3700만 달러를 주고 산 이 집은 방이 35개나 되고, 한때 존 록펠러가 소유했던 집이기도 하다. 슈워츠먼은 계절에 따라 햄프턴스에 있는 대지 1만 평의 대저택이나 플로리다 팜비치 사유지에 있는 영국 식민지 시대 스타일의 365평짜리 저택에서 주말을 보낸다. 슈워츠먼은 자메이카의 바닷가에도 대저택이 있지만 자녀가 이용하도록 자신은 가지 않는다고 말한다.

슈워츠먼은 한 기자에게 이렇게 말했다. "이유를 알 수 없지만 저는 집을 사랑합니다." 뉴욕의 노숙자가 평균 10만 명으로 추산되는데 이들도 슈워츠먼처럼 집을 사랑한다고 말할 것이다. 물론 그들의 이유는 분명하다.

2007년 2월 슈워츠먼은 60세 생일을 맞아 파티를 열었다. 당연히 평범한 생일 파티가 아니었다. 대단한 업적을 세운 사람에 걸맞은 성대한 파티였다. 슈워츠먼은 거대한 파크애버뉴 아머리[**]를 빌렸고, 이곳을 맨해튼에 있는 자신의 호화 아파트처럼 꾸미려고 쓴 비용만 300만 달러라고 한다. 뉴저지와 뉴욕의 주지사, 역겨운 부동산 재벌 도널드 트럼프, 월가의 기생충들인 슈워츠먼

---

[*] Hampton, 뉴욕 동쪽에 있는 유명한 휴양지로 고급 빌라들이 모여 있다.

[**] Park Avenue Armory, 130년 역사의 유서 깊은 건축물.

의 동료 등 초대 손님들은 바닷가재, 필레미뇽, 베이크드 알래스카를 먹으며 로드 스튜어트*의 개인 콘서트(그런 것이 가능한지 모르겠지만)를 즐겼다.

슈워츠먼은 그날 단 하룻밤에 뉴욕에서 빈곤선의 삶을 사는 163가구(슈워츠먼 스스로 고향이라고 부르는 도시의 주민 다섯 명 가운데 한 명이 처한 운명이다)가 1년 내내 일해야 벌 수 있는 돈을 탕진했다.

무엇으로 이 행위를 정당화할 수 있는가? 평생 하는 일이라고는 다른 사람의 노동과 부동산과 재산을 주물러 자신의 주머니를 채우는 것뿐인데도 상상조차 할 수 없는 특혜와 권력을 누리며 사는 사람이 있는가 하면, 그 주변에는 완전히 다른 세계에 사는 수많은 사람들이 있다. 그들은 열심히 일해도 근근이 먹고살 뿐 슈워츠먼이 생일 파티 한 번에 쓴 비용의 극히 일부조차 모을 수 없다.

자본주의 사회에서는 이런 어처구니없는 일이 반복된다. 금융계의 기생충이 될 수 있는 재주를 가졌다는 이유로 슈워츠먼을 억만장자로 만든 이 체제는 천문학적인 돈을 지원해서 월가 금융업자들을 보호하는 체제이기도 하다. 월가가 파산하지 않도록 구제해 주는 이 체제는 석유를 위한 전쟁이나 기업 엘리트의 이윤을 지키려는 온갖 악행에 사용되는 무기에 해마다 막대한 돈을

---

* Roderick David Stewart, 영국의 팝 가수.

쏟아붓는 체제이기도 하다.

때때로 자산과 금융 관련 얘기들은 딴 세상 이야기처럼 들린다. 돈의 액수가 워낙 크다 보니 그 돈이 얼마나 큰돈인지 감조차 잡기 힘들다. 그러나 자본주의가 낳은 폐해는 훨씬 더 피부에 와 닿는다.

슈워츠먼이 햄프턴스에 집을 한 채 더 사는 데 쓴 어마어마한 돈은 블랙스톤이 인수한 기업에서 해고당한 노동자 수천 명이 받지 못한 임금이다. 미국 정부가 월가의 은행에 쏟아부은 천문학적인 돈은 식량 지원 프로그램을 확대하거나 허물어진 학교를 재건하는 데 쓰지 않은 돈이다. 해마다 국방부에 몰아주는 막대한 돈은 사하라 사막 이남 아프리카의 에이즈 퇴치에 쓰지 않은 돈이다.

더 나은 세상을 위해 무슨 일이든 하려는 사람의 관점에서 보면 이 돈은 그야말로 도둑맞은 것이다. 전 세계에서 생산되는 막대한 부 가운데 많은 부분이 끊임없이 도둑질당해서 부자를 더 부유하게 하고 권력자를 더 강력하게 하는 데 쓰인다.

존 스타인벡은 대공황을 다룬 소설 《분노의 포도》에서 다음과 같이 썼다.

전혀 비난받지 않는 범죄가 있다. 통곡을 해도 표현할 수 없는 슬픔이 있다. 우리의 모든 성공을 뒤엎어 버리는 실패가 있다. 비옥한 땅, 곧게 자라는 나무, 튼튼한 줄기, 잘 익은 열매가 얼마든지 있는

데도 펠라그라*를 앓고 있는 아이들은 그냥 죽어 갈 수밖에 없다. 오렌지에서 이윤이 나지 않는다는 이유만으로.

간단히 말하면 사회주의는 이런 도둑질을 멈추는 것이다.

사회주의는 몇 가지 간단한 원칙에 기초한다. 세계의 막대한 자원을 소수 기생충 같은 자들의 부를 늘리는 데 사용하는 것이 아니라 빈곤과 노숙 문제와 그 밖의 모든 종류의 부족함을 영원히 없애는 데 써야 한다. 노동 대중은 상층 지배계급의 권력을 강화하는 전쟁을 거부하고 풍족한 사회를 만들기 위해 협력해야 한다. 중요한 일은 부자나 부자의 지배를 받는 자들이 아니라 모든 사람이 민주적으로 결정해야 한다. 사람은 자신의 꿈과 희망을 짓밟는 체제가 아니라 스스로 삶을 통제하는 사회에서 살아야 한다.

다른 세계를 향한 투쟁

자본주의는 가난과 전쟁과 그 밖의 온갖 악의 근원이다. 그러나 동시에 다른 것도 만들어 낸다. 바로 저항이다.

---

* pellagra, 니코틴산이 부족해 일어나는 병으로 햇빛 노출 부위에 피부염이 발생하고 시력장애, 경련, 설사, 정신장애 따위를 일으킨다.

20세기의 마지막 25년 동안 자유 시장을 찬양하고 '큰 정부'를 악마화하는 자본주의 교리는 공화당 정부건 민주당 정부건 상관없이 미국 지배자들이 숭배하는 사상이었다. 그러나 부시 집권기에 시작해 오바마 시대에 속도가 빨라진 경제·정치 위기는 자본주의 체제의 어두운 면을 드러냈다.

마이클 무어 감독의 영화 〈자본주의: 러브 스토리〉에는 일리노이 주에서 농장과 집을 압류당한 한 남성이 나오는데 그는 다음과 같이 말해 많은 사람들의 공감을 얻었다. "모든 것을 가진 자들에 맞서 아무것도 갖지 못한 자들이 어떤 식으로든 반란을 일으켜야 합니다."

이런 정서 때문에 세계 도처에서 사회적 폭발이 일어났다. 금융 위기가 정치 위기로 번진 아이슬란드에서는 2009년 초 수많은 사람들이 최루탄과 경찰 폭력에도 물러서지 않고 세계에서 가장 오래된 의사당 건물을 포위했고 정권을 물러나게 했다. 사회민주당과 좌파녹색당의 연립정부가 출범했고, 세계 최초로 여성 동성애자 총리가 탄생했다. 볼리비아에서는 무장봉기에 가까운 시위가 벌어져 미국의 후원을 받는 정권이 쫓겨났고, 투쟁이 새로운 단계로 진입했다. 이란에서는 2009년 대선에서 자행된 부정행위가 대중 시위를 촉발했다. 지금까지 언급한 사례는 전 세계 곳곳에서 벌어진 저항의 극히 일부일 뿐이다.

미국에서는 이러한 대규모 저항이 벌어지지 않았다. 그렇다고 미국이 조용했던 것도 아니다. 예를 들어, 2008년 11월 대선에서 버락 오바마가 승리하기를 바란 수많은 사람들의 열정은 캘리포니아에서 주민발의안 8호(동성끼리 결혼할 권리를 금지하는 법안으로 대선과 같은 날 주민투표에 부쳐졌다)가 통과되자 한풀 꺾였다. 그러나 이 법안의 통과는 저항을 불러일으켰고, 대선이 치러진 바로 그날 밤부터 몇 달 동안 시위가 계속됐다. 성소수자(LGBT: 레즈비언·게이·바이섹슈얼·트랜스젠더) 억압에 반대하는 신세대 활동가들은 사기가 저하되기보다는 오바마의 선거운동 슬로건 "우리는 할 수 있다"를 채택했다. 사실 "우리는 할 수 있다"는 오바마의 슬로건이 아니라 이주민 권리 운동의 구호 "Si se puede"를 도용한 것이다.

동성 결혼 금지 법안 외에도 다른 기폭제들이 있다. 캘리포니아의 대폭적 예산 삭감은 공교육을 지키려는 시위 물결을 불러일으켰다. 2009년도 새 학기가 시작되자 학생, 교사, 교수, 지역 주민이 함께 예산 삭감 반대 시위에 참가했다. 2008년 대선 몇 주 후, 노동운동은 시카고의 리퍼블릭 윈도스 앤드 도어스 공장점거에 열광했다. 노동자들은 퇴직수당을 따냈을 뿐 아니라 공장도 계속 가동되게 만들었다.* 의료보험 개혁을 제대로 추진하지 않는 것에 항의해 상원 청문회장을 점거하는 일도 벌어졌다. 무고

---

* 공장을 인수한 시리어스머티리얼스가 전원 재고용을 약속했다.

한 사람이 사형되는 것에 반대하는 행동의 날도 열렸다. 석탄 회사들이 산꼭대기를 제거하는 채굴로 애팔래치아 산맥을 훼손하는 것에 반대하는 시민운동도 벌어졌다.

이 투쟁들은 불평등과 불의에 맞선 다양한 저항 역사의 일부다. 그러나 과거 운동이 그랬듯이, 오늘날의 운동도 지배자들이 퍼트리고 때때로 우리 운동 안에서도 제기되는 다음과 같은 메시지에 봉착한다. 기다려라. 참아라. 너무 급진적이면 안 된다. 현실적이어야 한다.

바니 프랭크는 오바마 정부에서 이런 메시지의 대변자를 자처하는 듯하다. 프랭크는 처음으로 자신이 동성애자임을 공개한 매사추세츠의 중진 하원의원이고, 유명한 민주당 개혁파다. 조지 W 부시의 오랜 집권 기간에 프랭크는 경제 위기 책임을 노동자에게 전가하는 것에 반대하고 전쟁과 부자 감세 정책을 강하게 비판했다. 또 공화당 우파의 폭정을 끝내려면 민주당이 다시 집권해야 하고 하원의 다수파가 돼야 하고 백악관의 주인이 돼야 한다고 열정적으로 주장했다.

2008년 대선에서 프랭크는 소원을 이뤘다. 그러나 변화에 대한 프랭크의 열정은 식은 듯하다. 2009년 워싱턴의 아메리카대학교 졸업식 연설에서 프랭크는 졸업생들에게 오늘날 필요한 것은 '이상주의'가 아니라 '실용주의'라고 충고했다. 세상을 바꾸겠다는 생각 따위는 잊으라는 것이다. 프랭크는 다음과 같이 말했다. "여러분은 어려운 상황이 조금만 나아져도 감사히 받아들여야 합니다."

프랭크가 어떻게 '실용주의'로 빠져들었는지 살펴보는 게 좋을 듯하다. 프랭크는 지도적 민주당 하원의원으로 월가 구제금융 법안을 만들었는데, '실용적'이게도 사은품을 얹어 주듯이 은행에 수천억 달러의 세금을 쏟아부었다. 평범한 사람들은 집을 잃어 갈 곳조차 없는데도 말이다. 프랭크는 오바마 정부가 제안한 아프가니스탄 전비 증액에 '실용적'으로 찬성표를 던졌다. 또, 동성 결혼 허용과 군대의 '묻지도 말하지도 않기' 정책* 폐지와 그밖에 오바마가 선거운동 기간에 성소수자에게 했던 약속을 모두 지키려면 시간이 필요하다고 '현실적'이고 '실용적'으로 주장했다.

프랭크는 아메리카대학교 졸업생들에게 다음과 같이 말했다. 이상만으로는 "절대로 굶주린 아이의 배를 채울 수도, 오염된 강을 정화할 수도, 사람들에게 유용한 도로를 만들 수도 없습니다. … 실용주의가 없는 이상주의는 그저 이기적 욕심을 채우는 길일 뿐입니다."

그러나 사실은 이와 정반대다. 굶주린 아이들의 배를 채워 주지 못한 것은 이상주의 때문이 아니다. 굶주린 아이들의 배를 채우는 데 쓰일 돈을 훔쳐 은행에 바친 것은 바로 실용주의였다. 실

---

* don't ask, don't tell. 군대 내에서 성 정체성을 묻지도 말고 밝히지도 말라는 동성애자 군 복무 금지 정책.

용주의는 오염된 강을 정화하지도 못할뿐더러 이미 오염된 강을 산꼭대기 제거 채굴 과정에서 나온 쓰레기로 채운다.

이보다 훨씬 중요한 논점이 있다. 이상, 즉 사회가 바뀔 수 있다는 희망과 그런 사회 변화를 위해 행동하겠다는 결심이야말로 모든 위대한 사회운동의 첫 번째 요소였다.

여러분이 1955년 앨라배마 주 몽고메리에 살던 로자 파크스이고 버스 좌석을 백인 남성에게 양보하라고 강요받았다면, 실용적 처신은 그냥 자리를 양보하는 것이다. 현실적으로 여성 혼자 흑인 격리 정책에 맞서 무엇을 할 수 있겠는가? 그러나 로자 파크스와 수많은 사람들이 비실용적이고 비현실적으로 행동에 나섰기 때문에 역사가 바뀌었다.

변화로 나아가는 데 중요한 첫걸음은 행동에 동참하는 것이다. 즉, 조직하고 선동하고 설득하고 청원하고 항의하고 피케팅하는 것이다. 우리는 변화가 절실한 사회에 살고 있고, 이제 중요한 것은 사회 변화를 위해 무엇을 하는가다.

01
자본주의는 왜 고장났는가?

미국 독립선언서는 모든 인간이 평등하다고 천명한다. 그러나 생명, 자유, 행복 추구에 관한 한, 조지 오웰의 《동물 농장》식으로 표현하면 일부 미국인들은 다른 미국인들보다 더 평등하다.

2008년 말 부동산 거품이 꺼지고 미국 안팎에서 일부 초대형 은행들이 파산했을 때 월가는 붕괴 직전이었다. 그러자 미국 국회와 부시 정권은 금융 시스템을 살리기 위해 7000억 달러짜리 구제금융 법안을 통과시켰다. 그야말로 엄청난 규모였다. 미국의 모든 남녀노소에게 2300달러씩 나눠 줄 수 있는 액수였다. 그러나 이조차 미국 정부가 지금까지 쏟아부은 구제금융 자금 전체에 비하면 새 발의 피다.

돈이 떨어지면 파산하는 서민들과 달리 월가의 은행들은 "너무 커서 파산시킬 수 없었다." 수많은 서민이 '악성 부채'를 지고 있었고, 그 때문에 집에서 쫓겨날 수도 있었다. 그러나 정부는 사실상 아무 조처도 취하지 않았다. 2009년 말 현재 오바마 정부가 자랑한 주택 시장 안정화 대책에 따라 주택 담보대출금이 영구 조정된 주택 보유자는 3만 명이다. 주택 압류를 피할 수 있다는 희망으로 대출금 상환액 조정을 신청한 75만여 명 중에 약 4퍼센트만이 도움을 받은 셈이다. 다시 말해, 아무 도움도 주지 않은 것이나 마찬가지였다.

보수파는 이 주택 보유자들이 스스로 자기 무덤을 팠다고 한다. 우파 평론가인 미셸 맬킨은 다음과 같이 말했다. "이른바 '악덕 채권자'에게는 사실 … 악덕 채무자가 있습니다. 이 사람들은 현금이 부족해서 집을 살 수 없다는 것을 알면서도, 소득 증명서를 위조하거나 아예 소득 증명서 없이 융자를 받아 집을 샀습니다." 심지어 진보적 논객들도 주택 거품을 키운 금융 시스템과 "분수에 넘치게" 소비한 국민 둘 다 문제라고 비난한다.

그러나 애디 포크가 말년에 겪은 끔찍한 불행을 보면, 애디는 그저 피해자였을 뿐이다. 힘 있는 기업이 애디의 인생에서 마지막 남은 소중한 것들을 빼앗은 뒤 내팽개쳐 버렸다.

1970년 애디 부부는 오하이오 주 애크런에 집을 장만했고, 1982년에 가까스로 대출금을 상환했다. 그때는 부부가 은퇴하기 직전이었다. 그러나 2000년대에 애디는 남편을 잃고 온갖 건강 문제로 시달리다가 재정난에 빠졌다. 그래서 다시 집을 담보로 대출을 받기로 마음먹었다.

컨트리와이드 주택융자 회사의 인심 좋은 사람들이 기꺼이 애디를 도왔다. 86세에 애디 포크는 30년 기한의 4만 5620달러짜리 주택담보대출 계약을 체결하고 1만 1380달러 한도의 마이너스 통장을 받았다. 그러나 얼마 안 돼 대출금 상환이 밀리기 시작했다. 2007년 정부가 보증하는 주택담보대출 업체인 페니메이가 컨트리와이드의 대출 채권을 인수했고, 주택 압류 절차에 착수했다. 2008년 10월 1일 다시 한 번 퇴거 요구서를 전하러 애디의 집을 찾은 경찰들은 난데없는 총성을 들었다. 사다리를 타고 2층 창문으로 들어간 이웃 주민이 가슴에 총상을 입고 의식을 잃은 채 침대에 쓰러져 있는 애디를 발견했다. 애디는 병원으로 이송됐고 간신히 목숨을 건졌지만 반년 후인 2009년 3월 말에 죽었다.

90세 노인의 자살 시도를 외면할 수는 없었는지 페니메이 경영진은 애디의 빚을 탕감해 줬다. 그러나 애디 포크는 비슷한 처지의 수많은 사람 중 한 명일 뿐이다. 애크런 시의회 의장인 마르코 서머빌은 〈CNN〉 인터뷰에서 "요즘 포크 부인 같은 사람이 수없이 많습니다" 하고 말했다.

2004년에 애디 포크에게 주택담보대출을 해 준 컨트리와이드 파이낸셜도 한 사례일 뿐이다. 수많은 주택담보대출 중개인이 있고, 컨트리와이드 같은 대출 업체, 주택담보대출 채권을 사는 은행, 그 채권을 다시 사들여서 대박 투자 상품으로 만들어 되파는 투자은행도 부지기수다. 그들은 모두 주택담보대출 호황을 부추겨서 이득을 봤다. 이들은 수수료와 중개료, 이자 수입, 채권 판매, 자산 운용 등등으로 엄청난 돈을 벌었다.

그럼에도 컨트리와이드 설립자이자 전 CEO 앤젤로 모질로는 특별히 악질이라 할 만하다.

여느 거대 금융회사 CEO와 마찬가지로 모질로도 엄청 비싼 옷을 입고 으리으리한 집에 살면서 롤스로이스 같은 값비싼 차들을 탔다. 컨트리와이드가 파산할 지경에 이르자 모질로는 자신이 보유한 주식을 팔아 큰돈을 챙겼다. 2008년 컨트리와이드가 뱅크오브아메리카에 매각될 때 모질로는 '순금 낙하산', 즉 1억 1000만 달러의 퇴직금을 탈 채비를 했다. 세간의 따가운 눈총 때문에 퇴직금의 일부를 포기했지만, 경영진에서 물러나면서 끝내 수천만 달러를 챙겼다.

그러나 모질로가 특별히 악질인 이유는 애디 포크 같은 사람들을 희생시킬 때 보인 뻔뻔함과 무자비함 때문이다. 2000년대에 컨트리와이드가 미국 최대의 주택담보대출 회사로 급성장할 수 있었던 것은 모질로 덕분이었다. 모질로는 회사에 가장 이득이 되는 대출을 이용하도록 고객들을 유도했다. 컨트리와이드의 중개인들은 보통 대출 상품보다 서브프라임[비우량] 주택담보대출 상품을 팔 때 더 두둑한 보수를 받았다. 모질로가 볼 때, 집을 마련하려는 사람들을 서브프라임 주택담보대출의 초기 상환액이 적다고 꾀어서 함정에 빠뜨린 것은 전혀 문제가 아니었다.

이제는 모질로가 공손해졌을 것이라고 기대한다면 오산이다. 모질로는 오히려 컨트리와이드와 자신은 "통제할 수 없는 경제적 힘"의 피해자였고 그 힘이 매우 강력했다고 우긴다. 밀컨 연구소(이 연구소의 이름은 금융 사기로 감옥에 간 정크본드* 왕 마이클 밀컨의 이름에서 따온 것이다)가 후원한 토론회에서 모질로는 다음과 같이 해명했다. 컨트리와이드가 위험하고 수익률 높은 서브프라임 대출을 울며 겨자 먹기로 할 수밖에 없었던 이유는 공민권 옹호자들이 소수 인종에게 더 많이 대출하라고 대출 업체들에 압력을 넣었기 때문이라고.

적어도 모질로는 컨트리와이드 이사회에서 쫓겨났다. 그러나 컨트리와이드의 많은 공범들은 2008년 연말에도 여느 때처럼 보너스 잔치를 벌였다. 월가가 붕괴하다시피 하고 대공황 이래 최악의 경제 위기가 닥친 와중에도 말이다.

초대형 은행인 시티그룹과 메릴린치(컨트리와이드처럼 뱅크오브아메리카에 합병된)가 2008년에 입은 손실을 합치면 550억 달러나 된다. 그러나 두 은행을 포함한 9개 대형 은행은 320억 달

---

* junk bond, 위험 부담이 큰 만큼 수익률도 높은 채권.

러가 넘는 보너스 잔치를 벌였다. 뉴욕 주 법무장관인 앤드루 쿠오모가 분석한 결과를 보면 이 9개 은행은 정부 지원금 1750억 달러를 챙겼다. 시티그룹과 메릴린치는 가히 재앙이라 할 만한 손실을 내고도 전체 보너스의 4분의 1 이상을 챙겼다.

이런 현실을 보면 이렇게 묻고 싶어진다. 왜 애디 포크는 손 내밀 곳이 없어 절망에 빠져 있는데, 미국 정부는 시티그룹이나 뱅크오브아메리카를 살리려고 막대한 돈을 들이는가?

답은 하나다. 금융 위기를 일으킨 자유 시장 체제가, 누구는 갈수록 부자가 되고 나머지는 그 대가를 치르는 방식으로 운영되기 때문이다. 다시 말해 모질로 같은 극소수 사람들은 상상을 뛰어넘을 만큼 엄청난 부자가 되게 하고 애디 포크 같은 사람들의 삶과 희망 따위는 거들떠보지도 않는 것이 자본주의의 작동 원리이기 때문이다.

체제의 뒤틀린 우선순위

카지노에 가서 도박을 한다고 상상해 보라. 승산이 어느 정도인지 알 수도 없고, 게임 규칙이 즉석에서 바뀌기도 한다. 가진 돈보다 수백 배 많은 돈을 걸고, 그러면서 판돈을 자꾸 키운다. 그러다 도박에서 진다. 그러면 자기 자신만 거덜 나는 것이 아니라 그에게 돈을 빌려 준 다른 사람들도 거덜 날 것이고, 결국은 게임 시작할 때 그의 칩을 세어 보지 않은 카지노 자체도 문을 닫아야 할 것이다.

그러고도 감옥에 가지 않는다면 다행일 것이다. 그렇지 않은가? 그러나 월가의 경영진은 다르다. 대형 금융회사가 돈을 잃으면 아예 연방정부가 나서서 손실을 메워 준다. 그러면 금융회사의 경영진은 거액의 봉급과 보너스를 보장받는다. 그리고 정부가 '구제' 계획을 세우는 자리에 초청받기도 한다.

이것은 1990년대와 2000년대에 금융계에서 벌어진 일을 요약한 것이다. 당시 월가에서는 실제 상품과 서비스를 생산하는 '실물경제'와 동떨어진 엄청나게 복잡한 금융시장의 거액 도박판이 급증했다.

투자 대상을 만들어 내는 방법이 서브프라임 주택담보대출을 강권하는 것이든 아니면 터무니없이 복잡한 증권을 사들이는 것이든 돈만 된다면 아무도 꼬치꼬치 묻지도 따지지도 않았다. 특히 구매자와 판매자 양쪽에서 수수료를 긁어모은 월가 중개인들은 더 그랬다. 그러다 거품이 터지자 금융 카지노 전체가 파산할 지경이 됐다. 그러나 사태의 장본인인 시티그룹이나 골드만삭스 등은 너무 커서 파산하도록 내버려 둘 수 없었다. 그래서 미국 납세자들의 호의 덕분에 구제금융을 받았다.

도박사들의 터무니없는 탐욕과 엄청나게 복잡한 거래 내역을 보면 혼란에 빠지기 십상이다. 그러나 좀처럼 제기되지 않지만 중요한 물음을 한번 던져 보자. 애초에 이런 일은 왜 벌어졌는가?

월가의 금융 호황이 사회에 좋은 기여를 했다고 주장할 사람은 아무도 없을 것이다. 옛부터 경제학 입문서에 나오는 설명, 즉 증권거래소 같은 금융시장이 더 가치 있는 투자로 돈이 흘러가도록 도와준다는 얘기도 석연치 않다. 주택저당증권이나 부채담보부증권, 신용부도스와프 등 월가가 최근 호황기에 만들어 낸 것은 모두 한 가지 목표, 즉 한 줌도 안 되는 소수를 어마어마한 부자로 만들어 주기 위한 것이었다.

〈롤링 스톤〉 기자인 맷 타이비는 월가가 대체로 사회에 쓸모없다고 지적하며, 대형 금융회사 골드만삭스를 "인간의 얼굴에 들러붙어서 돈 냄새가 나는 곳 어디든 빨판을 꽂아 피를 빨아먹는 흡혈 오징어"에 비유했다. 금융계의 돈 잔치는 도둑질이라고밖에 볼 수 없다. 전 세계에서 진짜로 필요한 곳에 쓰일 수 있었을 엄청난 돈을 훔쳤기 때문이다.

월가에 대한 이런 이야기는 자본주의 체제 자체에도 들어맞는다. 자유 시장 체제는 결코 사회 대다수 사람들의 필요를 충족할 수 없는 방식으로 작동한다.

오바마 정부 출범 첫해에 가장 뜨거운 정치적 화두였던 의료보험 개혁이 이 점을 잘 보여 준다. 오바마 정부는 의료보험법 개정 논의를 시작하면서, "보편적[전 국민] 의료보험"을 위한 최종 법안은 "모든 당사자"의 견해가 반영되도록 의료 기업들과 협력하겠다고 약속했다. 그러나 의료 기업에는 의료보험의 보편화가 아니라 의료보험을 제한하는 것이 이득이 된다는 단순한 사실이 애초에 문제였다. 자, 보험회사들의 수지 타산은 간단하다. 고객의 청구에 따라 지급해야 할 보험금보다 보험료를 더 많이 걷으면 된다(그래서 늘어난 보험료 수입으로 투자를 늘리면 된다). 따라서 보험회사의 지상 목표는 고객의 필요를 충족해 주는 것이 아니라, 사람들의 의료보험 이용 기회를 제한해서 수익을 내는 것이다.

마찬가지로 제약 회사들의 우선순위는 절실하게 약을 찾는 사람들에게 약을 공급하는 것이 아니라 어떻게든 약값을 낼 수 있는 사람에게 약을 파는 것이다. 예를 들어 거대 제약 회사들은 정부 지원을 받고 연구해서 더 효과적인 에이즈 치료 약을 개발했다. 그러나 그 약을 애타게 찾는 전 세계의 가난한 나라 사람들은 그 약을 구할 수 없었다. 그런 나라의 감염자들은 거대 제약 회사들이 요구하는 터무니없이 높은 약값을 낼 수 없었기 때문이다. 훗날 거대 제약 회사들은 국제 협약으로 특허권과 이윤을 보장받는 대신 약을 널리 보급하기로 했다. 그럼에도 2008년 6월 유엔의 보고서를 보면 전 세계 에이즈 환자의 70퍼센트는 죽음을 피할 수 있는 약이 있는데도 그 약을 구할 수 없다.

의료보험에 관한 끔찍한 이야기는 모두 민간 의료보험 제도의 이윤 동기에서 비롯했다. 테네시 주 내슈빌에서 슈퍼마켓을 운영하는 스테이시 그론딘의 경험담도 그렇다. 2006년 스테이시의 심장박동 수가 갑자기 치솟았다. 심장마비가 일어날까 봐 걱정한 스테이시는 구급차를 타고 병원 응급실로 갔다. 그런데 스테이시가 보험회사의 사전 승인을 받지 않고 구급차와 응급실을 이용한 것이 문제가 됐다. 스테이시는 보험금을 청구했지만 거부당했고 결국 1000달러짜리 고지서를 받았다.

이미 스테이시는 2003년에 교통사고로 중상을 입은 아홉 살짜리 딸 에밀리의 치료비 때문에 진 빚을 갚느라 발버둥치고 있었다. 에밀리의 아버지는 그 사고 때문에 감옥에 갔고, 스테이시는 보험 처리가 안 된 2000달러가 넘는 치료비를 책임져야 했다. 스테이시는 〈테네시언〉 인터뷰에서 다음과 같이 말했다. "고지서를 보니까 미치겠더라고요. 보험료를 꼬박꼬박 냈는데도 보험금을 받을 수 없었거든요. 정작 필요할 때는 아무 도움도 안 된 거죠."

기술과 자원만 보면 미국은 세계에서 의료보험 제도가 가장 발달한 나라다. 그러나 건강한 사람도 의료보험 때문에 늘 불안에 떨고, 병에 걸린 사람은 끔찍한 일을 겪어야 한다. 행복과 건강, 장수에 도움이 될 수 있는 약과 치료법을 서민은 이용하기 어렵다. 의료 기업의 수익을 보장해 주기 위한 까다로운 제한 조항들 때문이다.

의료보험 제도는 자본주의가 어떤 체제인지 잘 보여 준다. 이 체제에서는 인간의 생존에 필요한 것을 제공하는 모든 과정이 이윤 추구 때문에 뒤틀려 있다. 자유 시장 체제의 결함들은 결코 우연이 아니라 이윤 추구에서 비롯한 필연이다.

이렇게 생각해 보라. 이론상 자본주의의 자유 시장은 수요 공급 법칙에 따라 작동한다. 무엇을 어떻게 생산할지는 자본가가 결정하지만, 그 결정은 소비자가 무엇을 사는지에 달려 있다는 것이 이 이론의 출발점이다. 그렇다면 소비자는 돈으로 일종의 '투표'를 하는 셈이고, 자본가들은 소비자의 '표'를 얻을 만한 제품을 생산하려고 서로 경쟁한다.

그러나 이 이론에는 문제점이 있다. 돈이 없는 사람들은? 이들은 투표할 수 없을 것이고, 자본가들은 이들이 원하는 것을 생산하지 않을 것이다. 자유 시장에서 모든 사회 구성원의 수요에 맞게 생산이 이뤄지려면, '투표'할 돈이 어느 정도 평등하게 배분돼야 한다. 그러나 현실은 그렇지 않다. 부자는 다른 사람들보다 훨씬 많은 '표'를 행사한다. 그러니 이 체제는 부자의 요구를 생산의 우선순위에 둘 수밖에 없다.

모든 산업이 아무짝에도 쓸모없는 재화와 서비스에 매달리는 것도 그 때문이다. 광고라는 거짓말에 쏟아붓는 돈을 떠올려 보라. 코카콜라와 펩시콜라가 어떻게 다른지 하나하나 따져 보는 소비자가 과연 몇이나 될까? 그러나 두 콜라 회사의 소유주와 경영진은 그런 차이에 민감하다. 자신들의 이윤이 걸려 있기 때문이다. 그래서 그들은 자기네 제품을 사라고 소비자를 설득하는

데 엄청난 돈을 쓴다. 2010 슈퍼볼 방송에 내보낼 30초짜리 광고
에 기업들이 들인 비용은 300만 달러가 넘는다. 보수가 괜찮은
운수 노동자가 평생 코카콜라 같은 상품을 운반하며 버는 돈보
다 더 많은 돈이 광고 한 편에 들어간다.

그래도 광고는 쓸데없을망정 위험하지는 않다. 전 세계 각
국 정부가 해마다 군사력에 쓰는 돈은 1조 달러를 훌쩍 넘는다.
2010년에 미국 정부는 '테러와의 전쟁'이라는 명분으로 벌이는
전쟁과 점령 비용을 포함해서 총 6638억 달러를 국방 예산으로
책정했다. 이것은 전 세계의 나머지 국가들이 지출하는 군비를
다 합친 것과 맞먹는다.

국방 예산 자체도 터무니없지만, 훨씬 더 기가 막힌 것은 미국
정부의 우선순위다. 2008년 미국의 핵무기 개발 계획에 들어간 돈
은 520억 달러가 넘는다. 저소득층 자녀의 취학 전 교육 사업에 쓴
돈보다 7.5배 많은 액수다. 소련이 붕괴하고 핵무기로 무장한 두 초
강대국 간의 냉전이 끝난 지 20년이 넘었는데도, 막대한 돈이 핵무
기에 쓰이는 것이다. 이 때문에 지금도 인류는 핵전쟁이 모든 생명
의 토대 자체를 파괴할지도 모른다는 공포에 시달리고 있다.

그리고 인류가 멸망할 수 있는 길은 전쟁만이 아니다. 자본주
의는 날마다 환경을 마구 훼손한다. 이미 재앙을 예고하는 무서
운 징후가 나타나고 있다. 에너지산업에 매수된 극소수의 '전문
가'가 아니라면 과학자들은 석탄이나 석유 같은 화석연료를 태울

때 생기는 오염 물질이 지구온난화를 일으킨다고 하나같이 주장한다. 하루빨리 대기 중 탄소량을 크게 줄이지 않으면 엄청난 일이 벌어질 것이다. 홍수가 늘어나고, 열대성 질환이 널리 퍼지고, 더 지독한 가뭄이 들고, 기상이변이 속출할 것이다.

많은 사람들은 오바마 정부가 지구온난화 문제에 강력하게 대처할 것이라고 기대했다. 오바마 정부는 전임 정부와 달리 기후변화를 현실로 인정했기 때문이다. 그러나 민주당 의원들이 통과시킨 첫 기후 법안은 환경오염의 주범들이 환경을 더럽힐 '권리'를 거래할 수 있게 해 주는 것을 골자로 한 반쪽짜리 법안이었다. 환경 운동가들은 대체로 '배출권 거래제'가 정부 주장만큼 효과가 있을 것이라고 믿지도 않지만, 설사 효과가 있더라도 그렇게 해서 줄어들 미국의 탄소 배출량은 지구온난화를 늦추기엔 턱없이 부족하다.

2009년 12월 코펜하겐 기후 정상 회의에서 오바마 정부가 한 일은 훨씬 더 실망스러웠다. 과학자들은 기후 재앙을 피하려면 미국처럼 가장 오염을 많이 일으키는 나라들이 2020년까지 탄소 배출량을 40퍼센트 줄여야 한다고 추정한다. 그러나 코펜하겐에 간 미국 대표단은 4퍼센트를 줄이겠다고 약속했다. 한술 더 떠서 미국은 영국과 손잡고, 빈국들을 지원해서 오염을 줄이게 하는 조처를 무력화했다. 코펜하겐 회담이 결렬될 듯하자, 오바마는 직접 나서서 배출량 감축을 위한 실제 목표치를 폐기하는 '합의'를 이끌어 냈다.

코펜하겐에서 미국 정부가 보인 모습은 끔찍했지만, 다른 나라 정부들도 마찬가지였다. 세계가 불타는데도 다른 주요국 정부들은 기껏해야 빈둥거리기만 할 뿐이었다. 각국 정부는 자국 기업의 이윤을 먼저 생각했고, 자국 기업이 손해를 볼까 봐 실질적 대책을 무력화하는 데 혈안이 됐다. 합리적 사회라면 지구온난화가 더 악화하지 않도록 오래전에 과감한 조처를 취했을 것이다. 그러나 환경을 오염시키는 것이 수익성 있는 사업이니, 어쩌겠는가? 돌이킬 수 없을 만큼 심각하게 환경을 파괴하더라도 말이다.

이것이 자유 시장의 미친 짓이다. 자본주의는 한 가지 일은 아주 잘한다. 그것은 단기적으로 사회 상류층의 부를 지키고 키우는 일이다. 다른 사람들의 필요를 충족하는 일은 뒷전으로 밀린다. 그래서 그토록 많은 사람들의 필요가 충족되지 못하는 것이다. 다른 모든 점에서, 즉 누구에게나 넉넉하게 돌아갈 만큼 생산하고, 환경을 보호하고, 평등하고 자유로운 사회를 만드는 일 등에서 자본주의는 쓸모없는 체제다.

가진 자와 못 가진 자

이 모든 일도 결코 우연이 아니다. 미국 정부의 재량 예산에서 가장 큰 몫을 국방 예산이 차지하는 이유는 거기서 이득을 보는 소수가 있기 때문이다. 의료보험이 제한되는 이유는 의료 기업을 소유하고 통제하는 자들에게 이득이 되기 때문이다. 돈이 생산적 투자가 아니라 금융 투기로 몰리는 이유는 자본주의 사회의 부를 대부분 통제하는 소수에게 직접적·단기적 이득이 되기 때문이다.

사회주의자가 이렇게 주장하면 체제 옹호자들은 음모론일 뿐이라고 일축한다. 그러나 실제로 미국 기업들은 밥 먹듯이 '음모'를 꾸민다. 버나드 메이도프의 사기 행각을 보라. 2008년 12월에 메이도프는 500억 달러가 넘는 돈을 투자자들에게 뜯어낸 죄로 체포됐다. 메이도프는 투자자들의 돈을 그들 자신에게 투자하는 것이라고 주장했지만, 실제로는 고전적 사기 수법의 하나, 즉 폰지 사기*를 쳤다. 메이도프의 고객들이 매우 좋아한 엄청난 이윤은 사실 메이도프가 새 투자자들에게 받은 돈으로 기존 투자자들에게 수익을 지급한 것이었다.

이렇듯 자본주의에는 실제로 음모가 존재하며, 이것은 그다지 드문 일도 아니다. 그러나 자본주의는 음모에 의존하지 않는다. 공장과 사무실처럼 실제로 재화와 서비스가 생산되는 경제 부문의 작동 방식은 메이도프의 범죄와 무관한 것처럼 보일 수 있다. 그러나 둘 사이에는 유사성이 있다. 완벽하게 합법적인 강도짓(비록 폰지 사기만큼 두드러지지는 않지만 실제로는 더 수익이 짭짤

---

* 1920년대 미국의 사기꾼 찰스 폰지에서 유래한 피라미드식 사기.

한)이 전 세계에서 날마다 그야말로 수십억 번씩 일어난다.

자본주의에서는 소수의 상층계급 사람들이 공장과 사무실, 토지, 기계 설비, 운송 수단처럼 유용한 제품을 생산하는 데 필요한 모든 것, 즉 마르크스가 말한 '생산수단'을 소유하고 통제한다. 이들은 무엇 하나 스스로 만들지 않는다. 다수를 고용해서 갖가지 재화를 생산하고 서비스를 제공하게 할 뿐이다. 다수가 노동하지 않으면, 석유는 여전히 땅속에 있을 것이고, 자동차 부품들은 조립되지 않을 것이고, 환자들은 치료받지 못할 것이다. 따라서 소수의 막대한 부도 존재하지 않을 것이다.

노동자들은 노동의 대가로 '공정한 임금'을 받도록 돼 있다. 그러나 '공정한 임금'은 전혀 공정하지 않다. 비교적 보수가 괜찮은 노동자조차 자신이 생산한 가치만큼을 온전히 돌려받지는 못한다. 대개는 거기에 훨씬 못 미친다. 고용주에게는 임금을 낮게 유지할 다양한 수단이 있기 때문이다. 특히 임금을 더 적게 받고도 기꺼이 일할 사람들로 기존 노동자들을 갈아 치울 권한이 있다.

한편 고용주는 임금과 그 밖의 생산비를 지급하고 남은 돈을 챙긴다. 경제학 교과서에는 이 이윤이 투자라는 '위험을 무릅쓴' 대가라고 나온다. 그러나 이윤은 한없이 커질 수 있다. 어떤 기업이 해마다 투자한 돈의 10퍼센트를 이윤으로 돌려받는다고 치자. 그러면 10년 후에 기업주는 투자한 돈을 모두 돌려받는다. 이윤이 '위험을 무릅쓴' 대가라면, 투자한 돈이 다 돌아왔으니 이제 더는 이윤이 나와서는 안 된다. 그러나 10년이 지나면 기업주는 더 부자가 된다. 애초에 투자한 것도 소유하고, 지금껏 쌓아 놓은 이윤도 소유하기 때문이다. 기업주가 고용한 노동자도 10년 후에 더 부자가 될까? 결코 그렇지 않을 것이다.

체제의 작동 방식을 찬찬히 살펴보면 언뜻 겉으로 드러나지 않는 현실을 이해하는 데 도움이 된다. 은행예금뿐 아니라 공장과 토지를 비롯한 각종 자산 등 소수 상층계급 사람들의 부는 그들의 공헌에 대한 보답이 아니라 애초에 그들이 가진 것이 많다는 사실에서 비롯한 것이다. 메이도프 사건이 폭로되자 늘 그렇듯 부정 축재자들의 부도덕성을 규탄하는 항의가 빗발쳤다. 그러나 이런 소동은 체제의 심장부에서 벌어지는 더 큰 범죄를 가린다. 즉, 자본주의는 고용주가 노동자가 생산한 가치의 일부를 훔쳐 가는 조직적 절도를 바탕으로 돌아가는 체제라는 사실 말이다.

자본주의를 옹호하는 가장 흔한 주장 하나는 부자가 재산이 많은 것은 그럴 만한 이유가 있다는 것이다. 2009년 〈포브스〉가 선정한 미국 부자 순위에서 500억 달러를 소유한 것으로 조사된 마이크로소프트의 빌 게이츠가 좋은 사례다. 빌 게이츠는 자신을 돈방석에 앉혀 준 회사를 스스로 만들었으니까 말이다.

그렇지만 다음과 같은 질문을 던져 보자. 빌 게이츠는 보통 사람보다 200만 배나 많은 재산을 소유한 것이 당연할 만큼 인류에게 큰 공헌을 했는가? 2000배쯤이면 충분하지 않을까? 그러나 좀 더 자세히 들여다보면 그조차 너무 많다. 게이츠의 회사는 특정 종류의 소프트웨어(주로 게이츠 자신이 아니라 남들이 개발한)를 손에 넣어서, 1980년대에 개인용 컴퓨터 열풍이 불었을 때 대박을 쳤을 뿐이다. 한마디로 운이 좋았던 것이다.

그렇게 해서 게이츠는 다른 부자들(마찬가지로 운이 좋았던)과 인연을 맺었다. 짐 월턴도 그런 부자다. 짐 월턴은 운 좋게도 월마트 창립자인 샘 월턴의 아들로 태어났다. 아버지가 죽자 짐 월턴은 형제자매와 함께 막대한 부를 물려받는 행운도 누렸다. 지금껏 짐 월턴은 일자리가 없어도 풍족하게 살 수 있었다. 그런 그가 현재 가진 부는 100만 명이 1년 동안 최저임금을 받고 풀타임으로 일해서 번 돈을 다 합쳐도 모자랄 만큼 막대하다.

부자들은 남보다 훨씬 더 많이 가져야 할 만큼 커다란 공헌을 하지 않았다. 실제로는 하는 일이 전혀 없는 경우가 흔하다. 소비자가 구입하는 상품을 실제로 제조하고 유통하는 과정에 거의 관여하지 않는다. 빌 게이츠는 마이크로소프트의 제품을 조립하지도 포장하지도 운송하지도 않는다. 그렇다고 소프트웨어를 개발하는 것도 아니다. 게이츠가 부유한 이유는 소유하기 때문이다. 게이츠와 마이크로소프트 주주들은 공장과 사무실, 기계 설비와 각종 기술의 특허권 등 컴퓨터 소프트웨어를 만드는 데 필요한 생산수단을 소유한다. 그것이 바로 그들의 부의 원천이다.

풍요 속의 빈곤

부자들이 그렇게 엄청난 부를 누릴 만한 일을 하지 않은 것이 사실이라면, 그 반대는 어떤가? 가난한 사람들은 가난해야 마땅한 짓이라도 한 것일까?

컨트리와이드의 CEO였던 앤젤로 모질로를 기억하는가? 모질로는 이제 일거리가 없으니 본사가 있던 로스앤젤레스에서 한 시간 차를 타고 태평양 연안을 따라 올라가, 캘리포니아 주 몬테시토의 바닷가 별장에서 여유를 즐기기로 작정하고 가까운 샌타바버라에서 호화 만찬을 할지도 모른다. 그런데 값비싼 차를 끌고 샌타바버라로 갔다가는 주차할 곳을 못 찾을 수도 있다. 샌타바버라는 특권층의 휴양지로 유명하지만, 차에서 생활하는 떠돌이들이 밀려들어 오자 이들에게 공영 주차장 12개를 내줘야 했기 때문이다.

바버라 하비도 2008년에 석 달 동안 주차장 거주민으로 지냈다. 다 큰 자식 셋을 둔 67세의 할머니인 바버라 하비는 대출 서류 심사 일을 하다가 2007년에 일자리를 잃었다. 그래서 "순식간에 나락으로 떨어졌지" 하고 바버라는 〈CNN〉 인터뷰에서 말했다. 바버라는 다른 일자리를 구했지만, 시급 8달러짜리 임시직으로는 사회보장연금을 보태도 집세를 마련할 수 없었다. 결국 주차장 신세를 지게 됐다. 바버라는 다음과 같이 말했다. "내가 이런 신세가 될 줄은 몰랐어. 사람들은 다들 자기는 이런 일을 당하지 않을 거라고 생각하지. … 정말 순식간에 닥친 일이야."

샌타바버라 주차장 거주촌은 빙산의 일각일 뿐이(고, 여러모로 흔치 않은 사례)다. 애크런에서 애디 포크가 집에서 쫓겨나느니 차라리 죽음을 택하겠다고 마음먹었을 때, 주변에는 비슷한 고통을 겪는 주민이 많았다. 사다리를 타고 창문을 넘어가서 애디를 발견한 이웃 주민 로버트 딜런(62세)은 다음과 같이 말했다. "이제 왼쪽 집과 오른쪽 집이 모두 비었네요. 기분이 좋지 않아요. 모두 좋은 이웃이었거든요."

정부 통계는 2000년대 말 경제 위기 때문에 빈곤이 무섭게 확산됐음을 보여 준다. 미국에서는 빈곤선을 간신히 벗어나도 실제로는 입에 풀칠하기조차 어려운데, 2008년에는 빈곤선 이하 생활을 하는 국민이 7명 중 1명꼴인 3980만 명으로 급증했다. 이마저도 경제 위기로 고용과 소득이 타격을 받기 전의 얘기다. 정부가 말하는 '식품 공급 불안'에 시달리는 국민이 2008년에 거의 5000만 명이나 됐다(어린이 4명 중 1명도 포함된다). 이 수치는 전해보다 30퍼센트나 늘어난 것이다.

온갖 배부른 학자들은 바버라 하비 같은 빈민들이 가난한 데는 이유가 있다고 설명한다. 뉴욕대학교 정치학 교수 로런스 미드는 저술가 조너선 코졸과 한 인터뷰에서 가난한 사람들을 업신여기며 다음과 같이 말했다. "가난한 사람들이 이성적으로 행동했다면 애초에 그토록 오랫동안 가난하지는 않았을 것입니다." 거

만하기 그지없는 말투였다. 바버라 같은 사연이 있는 수많은 사람들 중에 '비이성적'인 짓을 한 사람은 거의 없다. 진짜로 '비이성적'인 것은 애초에 그들이 처한 끔찍한 상황이다.

가장 취약한 사회계층만 나락에 빠진 것이 아니다. 노동계급도 모든 면에서 더 힘들고 어렵게 살아간다. 그렇게 살아야 마땅할 짓을 저질렀기 때문이 아니라, 예나 지금이나 그런 처지로 내몰리기 때문이다.

미국 인구조사국은 물가상승률을 감안하면 2008년에 가계소득이 3.6퍼센트 떨어졌다고 발표했다. 2009년 수치는 2010년 말에 나올 텐데, 경제정책연구센터 추산으로는 4.5~5퍼센트 더 떨어질 것이다. 노동자 가구의 생활수준이 몇 년 만에 10퍼센트 가까이 떨어진 셈이다. 50년 전 가계소득 통계를 내기 시작한 이후 단연 최악의 내림세다.

이것은 대공황 이후 최악의 경제 위기 때문이다. 그러나 미국인 대다수가 10년 동안 소득이 그대로였다는 사실은 더 놀랍다. 그때는 경제가 성장했는데도 말이다. 사실, 중위 가구의 소득은 2008년 경제 위기 전 몇 년 동안 2000년 수준으로 떨어졌다. 그래서 2000년대에는 역사상 처음으로 경제가 성장하는데도 중위 가구의 소득이 증가하지 않았다.

호황의 단물은 모두 사회 상층의 극소수에게 돌아갔다. 경제학자 사에즈가 계산한 결과를 보면 2002~06년에 노동계급의 임금은 기껏해야 그대로였지만, 가장 부유한 1퍼센트의 소득은 해마다 평균 11퍼센트씩 늘어났다. 사에즈는 이 시기가 끝날 무렵 미국에서 가장 부유한 10퍼센트가 전체 임금의 49.7퍼센트를 가져갔는데, "이 수준은 1917년 이래 가장 높고, '광란의' 1920년대, 특히 주식시장 거품이 극에 달했던 1928년의 수준[조차 뛰어넘는다 — 마시]"이라고 지적한다.

이것은 그야말로 가난한 사람들과 노동자들의 부가 극소수 부자들에게 고스란히 재분배되는 과정이었다. 그리고 이 과정은 월가를 구제해 준 오바마 정부 들어서도 멈추지 않고 오히려 더 빨라지고 있다.

이 정도 규모의 도둑질을 하려면 미국 기업들은 어떤 기회도 놓치지 않아야 했다. 기업 인수·합병을 전문으로 하는 브린우드파트너스라는 부유한 사모펀드는 제과 업체인 스텔라도로를 인수해서, 뉴욕 공장의 노동조합원 136명에게 새로운 고용계약서를 내밀었다. 임금을 최대 25퍼센트 삭감하고, 사상 처음으로 의료보험료를 전액 부담하게 하고, 연금을 동결하고, 유급 휴일·휴가·병가를 없앤다는 계약서였다. 노동자들은 파업으로 맞섰고, 열한 달간 피켓라인을 지킨 끝에 사측의 양보를 명령한 전국노동관계위원회의 결정을 쟁취했다. 그러나 승리 후 복귀한 노동자들은 회사가 새로운 계약서를 제시하지 않고 오히려 공장을 폐쇄해서 생산 설비를 브롱크스로 이전한다는 소식을 들었다.

노동조합이 있든 없든 전국의 수많은 작업장에서 이런 초토화 공격이 거듭됐다. 그리고 다른 모든 생활 분야에서도 평범한 사람들은 이와 똑같은 압박에 시달리고 있다. 예를 들어 고등교육은 100년 전으로 급속하게 후퇴해, 돈 있는 자들이 누리는 특권으로 변질되고 있다. 1982년부터 2007년까지 미국 대학 등록금은 439퍼센트나 올랐지만, 정부의 학자금 지원 재정은 고갈됐다. 등록금을 마련할 길은 학자금 대출을 더 받는 것뿐이다. 칼리지보드*는 학자금 대출을 받아서 4년제 사립대를 졸업한 학생들의 평균 부채가 2006년에 2만 달러에 이른다고 밝혔다.

그런데 이런 수치는 주 정부들에 예산 위기가 닥치기 전의 것이다. 캘리포니아에서는 지역 정치 지도자들이 2009년 7월에 155억 달러의 예산 삭감을 승인하자, 유명한 캘리포니아대학교의 이사회가 2010년 가을 학기부터 학부생 등록금을 32퍼센트나 올리기로 결정했다. 유아·초등·공교육도 타격을 받았다. 2009년 가을 학기 초에는 애리조나의 공립학교 교사들이 해고되면서 학급당 학생 수가 50명까지 치솟았다. 로스앤젤레스에서는 고등학교 교사 1인당 학생 수가 보통 42.5명에 이른다.

2009년 말 현재 "27개 주에서 저소득 아동과 가구의 의료보험

---

* College Board, 미국의 대학 수능시험 SAT를 관장하는 대학위원회. 5900개 이상의 대학과 대학교, 교육 관련 기구들이 연합한 비영리 기관이다.

혜택이 축소됐고, 25개 주에서 유아·초등 교육과 그 밖의 교육 프로그램에 대한 지원이 삭감되고 있으며, 34개 주에서 주립대학 지원이 줄었고, 26개 주에서 공무원 채용이 동결됐고, 13개 주에서 공무원 해고 계획이 발표됐고, 22개 주에서 공무원 임금이 삭감됐다." 좌파 경제학자인 릭 울프가 '예산·정책 우선순위 센터'의 연구 자료를 인용하며 한 말이다.

그러나 온갖 예산이 깎이는 와중에도 희생을 요구받지 않는 특별한 이익집단이 있다. 누구일까? 짐작한 대로다. 기업들은 여전히 아낌없는 감세 혜택을 누리고, 지역이나 주 정부가 다른 곳으로 가지 말라며 제공하는 각종 인센티브를 얻는다. 연방정부의 세입에서도 기업들이 내는 법인세 비중은 10퍼센트도 채 안 된다. 반세기 전에는 약 33퍼센트였는데 말이다.

주류 정치 담론에서는 이런 불편한 진실을 거론하기만 해도 (대책을 제안하는 것은 말할 것도 없고) '계급 전쟁'을 선동한다고 비난받기 마련이다. 그러나 현실에서는 이미 계급 전쟁이 벌어지고 있다. 그것도 일방적으로 말이다. 세계에서 둘째가는 부자인 워런 버핏은 〈ABC〉 방송의 〈나이트라인〉에 출연해서 다음과 같이 솔직하게 털어놓았다. "제 말은, 이것이 계급 전쟁이라면 우리 계급이 이기고 있다는 겁니다."

그런데 버핏은 어떤 사람인가? 버핏은 억만장자치고는 개방적이고 관대하기로 유명하다. 환율 투기꾼인 조지 소로스는 사회정의 운동 단체에 돈을 기부한다. 그렇다면 자본가들이 잘못을 뉘우치고 선행을 베풀 수 있다는 말인가? 간단히 말하면, 그럴 수 없다. 자본가 개인은 자선사업에 돈을 기부할 수도 있고, 실제로 그 자선사업이 빈민에게 도움이 될 수도 있다. 그러나 그렇다고 해서 자본가가 사회와 경제에서 하는 구실이 바뀌는 것도 아니고, 체제 전체가 바뀌지도 않는다.

2006년에 버핏은 자기가 죽으면 재산의 80퍼센트 이상을 빌게이츠의 자선사업 재단에 기부하겠다고 약속했다. 당시 〈시카고 트리뷴〉에 기고한 글에서 줄리아 켈러는 입에 침이 마르도록 이를 찬양했다. "우리는 버핏과 게이츠를 경외한다. 단지 그들이 돈을 많이 벌어서가 아니라, 돈을 많이 번 다음에 자신들이 가치 있다고 생각하는 일에 거액을 쾌척했기 때문이다."

그러나 이들은 "경외"받을 자격이 없다. 버핏과 그의 계급이 엄청나게 부유한(거의 100년 만에 우리와 저들의 빈부 격차가 가장 크게 벌어진) 이유는, 작업장부터 월가의 도박판, 워싱턴의 연방정부 청사까지 도처에서 계급 전쟁을 벌여 승리했기 때문이다. 버핏처럼 자본가 개인은 자선사업에 재산의 일부를 쓸지도 모른다. 그러나 그보다 더 썼다가는 경쟁자들에게 입지를 빼앗길 위험을 무릅써야 한다. 이윤 극대화가 우선순위에서 조금이라도 뒤로 밀리면 다른 자본가가 득을 본다. 이렇게 자본가계급의 구성원들은 각자 인생철학이 어떻고 동정심이 있든 없든 간에 자유 시장의 철칙을 따라야 한다.

단지 누구는 부유하고 누구는 가난한 것이 아니다. 누군가가 부유한 이유는 다른 사람들이 가난하기 때문이다. 워런 버핏 같은 사람들이 부유한 이유는 바버라 하비나 애디 포크 같은 사람들이 더 적게 벌면서 더 힘들게 일하는 처지로 내몰리다가 결국에는 내팽개쳐졌기 때문이다. 누군가가 굶주리기 때문에, 누군가가 집이 없기 때문에, 누군가가 전쟁의 참상을 겪기 때문에, 자연 환경이 위태로워지기 때문에 한 줌도 안 되는 소수가 부유한 것이다.

자본주의에 으뜸가는 원리가 있다면, 워런 버핏 같은 작자들이 가난한 사람들에게 보이는 동정심에서 그 원리를 찾을 수는 없을 것이다. 오히려 거대 소프트웨어 기업 오라클의 총수로서 과대망상증 환자 같은 래리 엘리슨의 말에서 그 원리를 찾아볼 수 있다. 버핏과 마찬가지로 세계에서 손꼽히는 부자인 엘리슨은 13세기의 군사 정복자 칭기즈칸의 말을 다음과 같이 바꿔 표현한 것으로 유명하다. "이기기만 해선 안 된다. 나머지가 다 져야 한다."

엘리슨의 말은 먹고 먹히는 자본주의 세계를 완벽하게 보여 준다. 근거 없는 착각과 부당한 책임 전가를 모두 걷어 내고 보면, 인류가 얼마나 큰 대가를 치르든 부자를 부유하게 하고 더 부자가 되게 하는 체제의 작동 방식이 보일 것이다. 그래서 사회주의자들이 불평등을 끝장내(고 자본주의 사회의 부와 권력을 근본적으로 재분배하)는 일에 헌신하는 것이다.

02

그리 자유롭지 않은 땅

2009년 1월 버락 오바마가 대통령 취임 선서를 한 국회의사당은 노예들이 피땀 흘려 만든 것이었다. 오바마가 준수하겠다고 선서한 헌법은 원래 흑인 노예를 인간의 5분의 3으로 취급했다.*
두 세대 전만 해도 국회의사당에서 몇 구역 떨어진 식당에서 흑인은 커피 한 잔 마실 수도 없었다. 얼마 전까지도 미국에서 흑인 대통령이 선출되는 것은 정치적으로 불가능하다고 여겨졌다.

---

* 1787년 제정된 미국 헌법은 흑인 노예를 인간으로 취급하지 않았고 당연히 투표권도 주지 않았다. 다만 인구를 셀 때는 흑인 노예 1명을 자유민(백인)의 5분의 3으로 취급해 포함시켰는데 이는 남부 노예주들이 자신들의 하원 의석을 늘리기 위해 요구한 것이었다.

수많은 사람들이 오바마의 취임식을 역사적 순간으로 여겼다. 미국 역사에서 오랫동안 지속돼 온 차별과 폭력의 유산을 뛰어넘는 진보의 징후로 본 것이다. 취임식을 보러 내셔널몰 공원으로 몰려온 거대한 인파는 이러한 역사의 진보를 목격하려는 대중의 열망을 생생하게 보여 줬다.

그래서 우파 이데올로그들이 오바마의 취임식을 예로 들며 미국에서 인종차별이 과거지사가 됐다고 주장하는 것을 보면 매우 불쾌하다. 1995년 《인종차별의 종말》이라는 기분 나쁜 책을 쓴 디네시 드수자는 다음과 같이 말했다. "오바마의 당선은 내가 옳았음을 입증한다. … 나는 인종차별이 전에는 체계적이었지만 이제는 우발적이라고 주장했다. 인종차별은 여전히 존재하지만, 흑인을 비롯한 소수 인종의 삶에 결정적 영향을 미치지는 않게 됐다는 것이다."

그러나 백악관이 아니라 국회의사당 남쪽이나 동쪽으로 몇 킬로미터 내려가서 그런 헛소리를 사람들에게 납득시키려 했다면 드수자는 아마 고생깨나 했을 것이다. 세계에서 가장 강력한 정부의 아주 가까이에 있는 애너코스티아 지구는 주민의 압도 다수가 흑인이며, 아동의 절반이 빈곤층이고, 학생의 거의 절반이 고등학교를 졸업하기 전에 학업을 그만둔다. 주민 1인당 연평균 소득은 1만 4210달러[약 1650만 원]인데, 이는 워싱턴 시민 평균의 4분의 1 수준이다.

워싱턴 시 전체도 인구의 다수는 흑인인데, 2000년대에 흑인

성인의 고용률이 거의 50퍼센트로 떨어졌다. 주민 20명 중 1명은 HIV에 감염됐고 50명 중 1명은 에이즈에 걸렸다. 이 감염률은 전국 평균의 10배나 되고, 콩고나 르완다와 비슷한 수준이다. 그런가 하면, '정의'를 구현한다는 이른바 형사사법제도 때문에 오히려 흑인 대다수는 공포에 떨며 살아야 한다. 21세기 초에 워싱턴 시에 사는 18~35세 흑인 남성의 절반이 징역이나 보호관찰, 가석방, 보석, 수배 등의 형태로 형사사법제도의 감시 아래 있었다.

미국의 다른 지역 통계 수치도 거의 비슷하다. 세계에서 가장 부유한 나라가 놀랍게도 국민의 교도소 수감 비율이 세계에서 가장 높다. 인종 간 차이는 더 섬뜩하다. 2007년에 미국 인구 중 흑인은 7명당 1명꼴이었는데, 구치소나 교도소 수감자 중에서는 3명당 1명꼴이었다. 특정 인종을 겨냥한 경찰 수사는 누구나 피부로 느낄 정도다. 급진주의와는 거리가 먼 랜드연구소의 보고서를 봐도 그렇다. "2006년 뉴욕 경찰이 불심검문한 보행자는 50만 명인데, 이들에 관한 통계자료를 보면 인종 간 차이가 크다는 것을 알 수 있다. 검문당한 보행자 중 89퍼센트가 유색인종이었다."

이게 다가 아니다. 2000년대 말 경기후퇴가 미국을 강타하자 늘 그렇듯 많은 흑인들이 첫 희생양이 됐다. 2009년 중반 흑인의 공식 실업률은 15.1퍼센트로, 8.9퍼센트인 백인보다 훨씬 높았다.

인종차별이 과거지사가 아니라는 증거는 이쯤 해 두자. 수많은 자료를 있는 그대로 살펴본 사람이라면, 흑인에 대한 차별과 편견이 아직도 이 사회에 만연하며 비뚤어진 소수의 유별난 소행이 아니라 사회구조에 단단히 뿌리박힌 문제임을 인정할 수밖에 없을 것이다.

따라서 버락 오바마의 당선은 미국 사회의 모순을 보여 준다. 노예제를 바탕으로 건설된 나라에서 흑인이 대통령이 됐지만, 그가 다스리는 사회는 여전히 인종차별이 심각하다. 소수의 부유한 흑인들이 볼 때 오바마의 성공은 자신들의 출세를 가로막는 징벽이 무너지고 인종차별이라는 굴레가 완화됐음을 뜻한다. 그러나 대다수 흑인의 처지는 공민권운동이 일어난 지 40년이 지난 지금도 거의 나아지지 않았다.

물론 인종차별의 피해자가 흑인만은 아니다. 라틴계 미국인도 피해자다. 행정 당국은 라틴계 이민자가 등록돼 있든 아니든 '불법' 이민자 취급한다. 아랍계 미국인이나 무슬림도 피해자다. 전쟁광들은 피부색을 이유로 이들에게 잠재적 테러리스트라는 낙인을 찍었다. 이 때문에 아랍계 미국인과 무슬림은 온갖 모욕과 폭력에 시달리고, 때로는 부당하게 투옥돼도 법적 대응을 하지 못한다.

자본주의 사회에서 차별받는 이들이 소수 인종·민족·종교 집단만도 아니다. 연방정부의 통계를 보면 여성은 미국 전체 인구의 절반이 조금 넘지만, 남성과 똑같은 일을 하고도 임금은 남성의 80퍼센트 수준이다. 여성은 가정과 작업장에서 이중의 노동에 시달리며, 성차별적 문화가 날마다 퍼트리는 성차별적 여성상에 짓눌려 살아야 한다. 레즈비언, 게이, 바이섹슈얼, 트랜스젠더도 성적 정체성 때문에 폭력의 그늘 아래 살아간다. 많은 성소수자들은 차별과 학대가 두려워서 적어도 한동안은 자신들의 성적 지향을 드러내지 못한다.

그 밖에도 언어와 나이, 신체장애 등 온갖 이유로 불공정하게 대우받는 사람들은 그 수를 헤아릴 수 없을 만큼 많다. 그만큼 억압의 형태는 다양하다. 이러한 억압들은 다양한 방식으로 서로 맞물려서 각 집단의 경제적·사회적·정치적 차별과 천대를 강화한다.

모든 억압은 자본주의의 고질적인 사회적 범죄이며, 굶주림과 빈곤, 전쟁만큼이나 끔찍한 범죄다. 모든 억압은 교육과 사법제도를 개선해서 없앨 수 있는 일탈이라고 보기에는 너무나 광범한 현상이다. 자본주의는 노동계급을 분열시켜야 살아남을 수 있는 체제다. 따라서 새로운 사회를 위한 투쟁은 그러한 분열에 맞서야 한다.

억압의 뿌리

인종차별(을 비롯한 여러 억압)에 대한 잘못된 통념은 다양하다. 인종차별은 과거지사가 됐다는 생각이 널리 퍼져 있다. 그런

데 이런 생각과 모순되면서도 이렇게 저렇게 자주 들을 수 있는 케케묵은 통념이 또 하나 있다. 인종차별과 외국인 혐오는 인간 본성이어서 없앨 도리가 없다는 것이다.

진실은 전혀 다르다. 인종차별은 과거지사도 아니고 영원히 없앨 수 없는 인간 본성도 아니다. 인종차별에 맞서려는 이들에게 이 점은 매우 **중요**하다.

역사를 살펴보면, 인종차별이 상층계급에게 유용했기 때문에 긴 세월 동안 지속돼 왔음을 알 수 있다. 인종격리정책이 시행되던 20세기 초 미국에서 활동한 흑인 사회주의자 허버트 해리슨은 다음과 같이 설명했다. "[인종차별이 ― 마스] 인간 본성이라면 굳이 아이들을 인종별로 나눠서 학교에 보내거나 어른들이 이용하는 공공시설도 인종별로 격리해서, 인종차별 사상을 억지로 주입하지 않아도 됐을 것이다. … 미국은 인종을 격리하려고 힘들여 장벽을 쌓았지만, 거기 쌓인 벽돌들은 하나같이 인종차별이 인간 본성이라는 믿음이 틀렸음을 웅변한다."

오늘날 우리가 알고 있는 인종차별이 생겨난 지는 겨우 500~600년밖에 안 됐다. 그 전에도 지금처럼 체계적 인종 억압이 있었다는 사실을 입증할 역사 기록은 없다. 유럽이 아메리카 대륙을 정복하고 아프리카인들을 납치해서 끔찍한 노예 수송선에 싣고 대서양을 건너 아메리카의 농업 성장에 필요한 값싼 노동력으로 팔아넘기는 노예무역이 성행한 자본주의의 여명기에 체계적 인종 억압이 시작됐다.

노예제는 분명 다른 문명에도 존재했다. 로마제국이 대표적 예다. 그러나 당시의 노예제는 인종차별에 바탕을 두지 않았다. 외국인 혐오도 분명 어떤 문화권에서는 매우 두드러졌다. 그러나 자본주의처럼 체계적 인종차별은 존재하지 않았다. 자본주의에는 피부색에 따라 특정 인간들을 열등하게 취급하는 온갖 거짓 이데올로기가 난무한다.

인종차별과 자본주의의 성장은 결코 우연히 맞물리지 않았다. '신대륙'의 플랜테이션에서 일할 값싼 노동력의 필요성 때문에 노예를 사고파는 제도가 통용됐고, 그래서 노예제를 정당화하는 이데올로기가 필요해졌다.

카리브 해 출신 흑인 마르크스주의자 시릴 리오넬 로버트 제임스는 다음과 같이 썼다. "사람들을 인종에 따라 구분한다는 발상은 노예무역과 함께 시작됐다. 노예무역이 너무 끔찍해서 종교나 철학이 제시하는 사회상과 전혀 맞지 않았기 때문에 … 제정신 박힌 이들이 노예무역을 받아들이게 하려면, 인간을 인종으로 나누고 흑인을 열등한 인종으로 낙인찍어서 둘러대는 수밖에 없었다."

자본주의는 차츰차츰 성장해서 노예무역에 의존하는 단계를 넘어섰다. 미국 자본가들은 북부에서 성장하던 공업 체제를 완성하기 위해 남부의 노예주 지배자들을 몰아내는 남북전쟁을 치

러야 했다. 그러나 남북전쟁 이후 경제체제가 재편됐는데도 인종
차별 이데올로기는 사라지지 않았다. 오히려 새로운 필요에 맞게
탈바꿈했을 뿐이다. 노예와 다름없는 조건에서 일하는 소작농이
우후죽순처럼 늘어났고, 남부에는 '짐 크로 법'이라는 인종격리
제도가 들어섰다. 새로운 사회 상황에서 인종차별 이데올로기는
노동계급의 일부가 억압받는 사실을 정당화하는 수단이었을 뿐
아니라 노동자들을 분열시켜서 공동의 지배자에 맞서 단결하지
못하게 하는 수단이기도 했다.

20세기에 인종격리정책의 폐지를 요구한 공민권운동이 마침내
흑인의 법적 평등권을 쟁취했다. 그러나 그 뒤에도 인종차별은 미
국 남부에서 시퍼렇게 살아남았다. 여전히 인종차별은 대중의 일
부가 늘 더 어렵게 살 수밖에 없는 사회구조를 정당화할 뿐 아니
라 대중이 단결해서 저항하지 못하게 하는 구실도 한다.

억압과 계급적 이해관계 사이의 이러한 연관은 미국에서 이민
자들이 지독한 편견에 시달리는 것을 봐도 분명히 알 수 있다. 미
국은 오래전부터 '아메리칸 드림'을 좇아 세계 곳곳에서 모여든
이민자들의 다양한 인종과 민족성이 공존하는 '용광로'라고들 한
다. 그러나 이것은 역사 수업에서 배운 거짓말일 뿐이다. 기업과
권력자들은 이민을 세계 도처의 가난한 사람들에게 제공하는 기
회로 여기지 않았다. 노예제와 마찬가지로 이민 문제에서도 핵심
은 값싸고 고분고분한 노동력을 얻는 것이었다.

미국 역사를 보면, 이민을 규제하고 국경을 삼엄하게 감시해서 이주 노동을 막겠다는 것은 우스운 생각이다. 200년 동안 전 세계의 온갖 사람들이 희망에 부풀어 미국으로 이민을 왔고, 그렇게 해서 불법 이민자가 된 사람들은 사회 밑바닥에서 희생양이 됐다. 아일랜드인, 유대인, 독일인, 스웨덴인, 남부 이탈리아인, 동유럽인, 아시아인, 멕시코인, 중앙아메리카인, 이슬람교도들이 그랬고, 그들은 모두 이주민 혐오의 피해자가 됐다.

업튼 싱클레어의 유명한 소설 《정글》은 20세기 초 시카고의 도축장을 배경으로 이민자들의 끔찍한 처지를 묘사하면서, 이윤과 탐욕이 어떻게 이 체제를 움직이는지를 여실히 보여 준다. "여기 사람들은 하층계급이고 대부분 외국 출신인데, 언제나 굶주림에 시달리고, 옛날의 노예 감시인만큼이나 잔인하고 악랄한 자들의 변덕에 운명을 맡긴 채 살아간다. 상황이 그렇다 보니, 노예제에서와 마찬가지로 부도덕한 행동이 만연할 수밖에 없다."

리투아니아 출신 육류 가공 노동자들을 묘사하는 이 구절을 읽으면 오늘날 멕시코와 중앙아메리카에서 온 이주 노동자의 모습이 절로 떠오른다. 사장들은 이런 이주 노동자들을 고용하면 일석이조다. 이들은 합법적 권리가 없으므로 아무리 착취해도 문제가 없다. 또, 다른 노동자들(미국 본토박이 노동자들이든 다른 이주 노동자들이든)과 경쟁시켜서 모든 노동자의 임금을 낮추는 데 이용할 수도 있다.

이민자를 혐오하는 사회적 분위기는 지배자들에게 이롭다. 방송인 루 돕스*와 미니트맨** 단원들 같은 편협하고 고루한 개인들이 드러내는 혐오든, 지방정부와 연방정부의 반反이민법에서 드러나는 혐오든, 노골적 인종차별 욕설이든, 이주 노동자들이 본국 노동자들의 일자리를 '훔쳐 간다'는 에두른 주장이든 지배자들에게 이롭기는 마찬가지다.

노예로 태어났다가 도망쳐 나와 위대한 노예제 폐지 운동가가 된 프레더릭 더글러스는 이 점을 다음과 같이 간단명료하게 표현했다. "저들은 우리를 이간질해서 각개격파한다."

그렇다고 해서 자본주의 사회의 다양한 억압 체계가 오로지 경제적 이해관계만으로 결정된다는 말은 아니다. 각각의 억압은 모두 나름의 형태가 있으며, 그 때문에 근저에 있는 경제적 원인이 숨겨질 때도 있다. 일례로, 이민에 반대하는 톰 탠크레이도 같은 정치인들은 국경 경비를 강화해서 이민을 원천 봉쇄하자고 요구해서 일부 기업들과 갈등을 겪었다. 이민 원천 봉쇄는 이주 노동력을 꾸준히, 그러나 엄격한 규제 아래 공급받아야 하는 기업들의 이해관계와 어긋난다. 이 두 견해는 지배자들 내의 양극단

---

* 〈CNN〉 앵커였다가 폭스비즈니스로 옮긴 우파 언론인. 반이민 발언으로 악명이 높다.

** Minutemen, 불법 이민을 막겠다며 국경 감시·순찰 활동을 벌이는 민간 무장 단체. 미국 독립전쟁 때 즉시 동원 가능했던 민병대 미니트맨에서 이름을 따왔다.

을 대표한다. 그러나 양극단 모두 현 체제를 강화하는 데 도움이 되기는 마찬가지다.

더 넓게 보면 미국에서 이주 노동자들이 겪는 인종차별과, 흑인들이 겪는 인종차별, 남아공의 아파르트헤이트 체제에서 사회 다수를 차지한 흑인들이 겪은 인종차별은 분명 다르다. 각각의 경우에 인종차별의 구체적 형태가 서로 달라서 피억압자의 경험도 저마다 다르고, 더 중요한 점은 그에 따라 억압에 맞서 싸우는 방식도 달라진다는 것이다.

이런 요인들은 억압을 이해하는 데 매우 중요하다. 그렇다고 해서 이 모든 억압이 자본주의라는 단일한 구조의 요소들이라는 사실을 놓쳐서는 안 된다.

해방을 위한 투쟁

다양한 형태의 억압은 흔히 생각하는 것보다 더 많이 서로 연결돼 있지만, 언뜻 서로 무관한 것처럼 보일 수 있다. 예를 들어 여성이 남성보다 적은 임금을 받는 것처럼 흑인도 백인보다 적은 임금을 받지만, 여성과 흑인이 모두 같은 식으로 차별받지는 않는다.

자녀 양육과 가사 노동은 주로 여성의 책임이므로, 여성은 작업장에서는 임금노동을 하고 집에서는 무보수 노동을 하는 이중의 부담을 진다. 남성과 여성은 모두 어렸을 때부터 이것이 자연스럽다고 배운다. 여성은 양육하고 순종하는 본능이 있어서 가정으로 이끌리기 마련이라고 말이다. 이런 가르침은 "여자는 모름지기 집안에 있어야 한다"는 진부한 말로 요약된다. 그런데 여성들은 이와 전혀 다른 가르침도 받는다. 여성의 가치는 '아름다움', 즉 외모나 남성을 유혹하는 매력(물론 다른 여성을 유혹하는 매력은 아니다)으로 결정된다는 것이다.

이러한 모순적 잣대는 오늘날 맹공격당하고 있는 여성권인 낙태권 문제에서 특히 파괴적 영향을 미치고 있다. 어떤 조사 결과를 봐도, 낙태를 결심한 여성의 압도 다수는 아이를 기를 형편이나 준비가 안 돼서 낙태를 선택한다. 그러나 낙태권 반대론자들은 이 여성들을 '태아'는 안중에도 없는 이기적 인간으로 몰아붙이고, 심지어 이들의 성생활이 문란하다고 매도하기까지 한다. 낙태 반대론자들의 의도는 여성들을 괴롭히고 위협해서 여성이 '제자리'를 지키게 하려는 것이다. 실제로, 낙태할 권리가 없다면, 여성은 자신의 삶을 제대로 통제할 수 없을 것이다.

온갖 이데올로기가 여성이 사회와 가정에서 해야 할 구실을 규정하는 데 동원된다. 당장 텔레비전을 켜 보라. 남녀에 관한 온갖 신화와 편견이 시도 때도 없이 쏟아져 나올 것이다. 시트콤에서는 텔레비전 앞에 멍하게 앉아 있는 남편과, 집수리 작업을 마무리하라고 잔소리하는 아내가 등장할 것이다. 그러다 여성의 몸을 성적으로 대상화하는 광고가 맥주를 비롯해 온갖 상품을 파는 데 동원된다. 뉴스 채널을 틀면 전문가가 나와서 최근 정밀 '조사' 결과를 보면 양육을 포기하고 다른 일에 뛰어든 여성은 불행해졌다고 떠들어 댄다. 다음 코너에선 앵커가 최근 유명 인사들의 열애설이나 결별설 같은 얄팍한 가십거리를 대단한 뉴스인 양 보도한다.

이렇게 상충하는 이미지와 편견 들은 현실의 여성과 남성, 그리고 그들의 관심사와 정서와 행동을 온전히 설명하지 못한다. 남성과 여성을 순응적인 존재로 만들려고 애쓰는 세계에서도 말이다.

그러나 이런 뒤죽박죽 이데올로기가 난무하는 이면에 가려서, 여성 억압의 핵심에 놓여 있는 경제적 비밀이 잘 드러나지 않는다. 그것은 바로 여성이 가정에서 무보수 노동을 한다는 사실이다. 여성이 살림과 육아를 책임지기 때문에(마르크스의 표현을 빌리면, 노동계급의 다음 세대를 재생산하는 일을 책임지기 때문에), 자본주의는 그 책임을 지지 않아도 된다. 자본주의 사회에서 고용주는 노동자에게 직장에서 일한 대가로 임금을 줘야 한다(물론 그 대가를 모두 지급하지 않고 일부만 지급한다). 그러나 여성은 가정에서 일한 대가로 임금이나 혜택을 바랄 수 없다. 그 덕분에 자본주의 체제는 막대한 비용을 절약한다. 유엔개발계획이 추산한 결과를 보면, 1990년대 중반에 전 세계 여성의 무보수 노동의 가치가 1년에 11조 달러였고, 미국에서만 1조 4000억 달러나 됐다.

이런 측면에서 여성 억압을 바라보면, 여성의 사회적 구실에 관한 통념이 갑자기 터무니없게 느껴진다. 도대체 왜 여성은 남성과 똑같은 일을 하고도 임금을 적게 받아야 하는가? 남자는 가족을 부양하니까 더 받아야 하고, 여자는 양육 때문에 직장을 그만둬야 하니까 그렇다는 것이 전통적 설명이다. 그러나 21세기 미국의 현실은 전혀 다르다. 현재 미국에는 여성이 부양하는 한부모 가정이 굉장히 많을 뿐 아니라, 모든 노동계급 가정의 살림이 어려워지고 있어서 여성도 가정 밖에서 일자리를 구해야 한다.

어떤 직업은 남자가 '더 적합하고', 어떤 직업은 '여자가 더 적합하다'는 근거는 무엇인가? 부모 중에 왜 아버지가 가족을 부양해야 하는가? 그렇다면 동성 부부는 어떻게 봐야 하는가? 현대 사회에서 남성이 양육 책임을 맡는 것은 불가능한가?

양육 문제를 사회가 책임지면 더 좋지 않을까? 어째서 아이를 기르고, 모든 사회 구성원을 먹이고 입히고 재우는 일을 가족들이 각자 알아서 해야 하는가? 사회가 그 일을 해선 안 되는가? 국가의 지원을 아낌없이 받으면서 이웃들이 서로 아이들을 돌보는 무상 보육 체계를 상상해 보라. 풀뿌리 수준에서 운영되는 공동 식당이 있는 사회를 상상해 보라. 그런 사회가 온다면, 여성은 모름지기 살림을 해야 한다는 사고방식도 지구가 평평하다는 믿음과 다를 바 없는 낡은 생각으로 치부될 것이다.

지금까지의 주장을 정리하면 이렇다. 첫째, 여성과 흑인을 비롯한 온갖 피억압 집단에 대한 편견은 억압 체제를 강화하기 위해 꾸며 낸 것이다. 둘째, 근본적으로 온갖 억압은 기업과 권력자에게 이롭게 운영되는 경제체제의 우선순위에서 비롯한다. 이런 관점이 맞다면, 새 세상을 건설하는 사회주의 프로젝트는 억압에 맞서는 모든 투쟁을 포함해야 하며, 사회주의를 바라는 사람들은 모두 그런 투쟁을 옹호해야 한다.

그러나 이런 관점을 누구나 받아들이는 것은 아니다. 억압에 반대하고 평등을 지향하는 좌파 중에도 그런 견해를 받아들이지 않는 사람이 있다. 그중 상당수는 여러 운동이 각자 알아서 저항하는 것이 중요하다고 본다. 사회주의자들은 피억압자들이 저마다 원하는 대로 조직할 권리가 있다고 생각한다. 특히, 다른 피억압 집단이 집결할 때까지 기다리느라 스스로 저항을 미루는 일이 벌어져서는 안 된다. 그러나 사회주의자들은 또, 우리 편을 단결시키는 공통점을 강조하기도 한다. 즉, 모든 피억압자와 피착취자를 이어 주는 공통점과 공동 투쟁을 조직하는 방법도 강조한다.

우리의 적들은 서로 다른 정치 쟁점을 거리낌 없이 넘나든다. 우파 논평가 글렌 벡이나 〈폭스 뉴스 채널〉, 그 밖의 온갖 우파

허풍선이들이 찬양하는 티파티를 잠시(내키지 않더라도) 떠올려 보라. 저들은 특별하게는 오바마, 일반적으로는 모든 흑인을 비하하는 인종차별 발언을 기꺼이 용인한다. 어떤 이민자도 통과하지 못하게 국경에 장벽을 세우고 싶어 하고, 이슬람교가 국가 안보를 위협한다고 본다. 여성은 모름지기 집안에 있어야 하고, 페미니즘은 자연의 도리를 벗어난 범죄이며, 교회와 국가, 아버지와 남편이 여성의 출산을 좌우해야 하고 여성은 자기 결정권이 없어야 한다고 주장한다. 그리고 국영 의료보험을 싫어하듯, 성소수자도 싫어한다.

대체로, 우파는 단일 쟁점 정치로 활동하지 않는다. 그들은 자신들의 정치적·사회적 관심사와 더 폭넓은 의제들이 서로 연결돼 있다고 본다.

가진 자와 못 가진 자로 나뉜 체제의 우선순위를 바꾸려는 우리도 자유와 정의를 요구하는 온갖 투쟁에서 어떻게 단결할 수 있을지를 고민해야 하지 않을까? 다양한 집단이 다양한 억압에서 서로 다른 영향을 받는다는 것을 인정하면서도, 노동계급의 서로 다른 부분이 각각의 투쟁에서 승리하는 것이 모든 노동자에게 이롭다는 것도 놓치지 말아야 하지 않을까?

노동계급의 운동은 단결하지 않으면 어떤 요구도 쟁취할 수 없다. 미국 역사를 돌아보라. 흑인 차별과 여성 차별, 이민자 혐오 등 온갖 억압이 지금까지 이어지고 있다. 이런 분열이 극복된 경우는 극히 드물었다. 아무리 다수가 벌이는 운동이라도 운동 내의 누군가가 억압에 시달리는 것을 외면한다면(그래서 그 억압을 끝장내는 투쟁에 나서지 않는다면) 결국 스스로 분열하고 말 것이다.

이와 관련해 명심할 것이 있다. 노동계급이 다른 피억압 집단이 일으킨 반란에 용기를 얻어 위대한 투쟁에 나선 역사적 사례가 많다는 것이다. 예를 들어 1960년대 공민권운동은 급진주의자 한 세대를 길러 냈고, 베트남 전쟁과 미국 제국주의에 저항하도록 수많은 사람들을 고무했다. 여성해방운동도 공민권운동에서 희망을 얻었다. 1960년대 말과 1970년대 초에 동성애자해방운동이 떠오를 때 생겨난 급진적 단체는 스스로 '동성애자해방전선'이라고 명명했다. 이 이름은 당시 지구 반대편에서 민족 해방을 위해 투쟁하던 '베트남민족해방전선'에서 따온 것이다.

자본주의가 존속하려면 갖가지 억압이 필요하다. 그러나 노동운동의 오래된 구호처럼 "하나가 다치면 모두가 아프다." 그러므로 차별과 편견을 벗어나려는 일부 피억압자들의 투쟁은 전체의 투쟁이기도 하다.

03
전쟁의 참상

"이라크인들은 평화로운 일상으로 돌아가는 중입니다." 2003년 8월 미국 대통령 조지 W 부시는 라디오 연설에서 이렇게 선언했다. 미국이 이라크를 침공한 지 다섯 달이 지나서였다.

그러나 이라크에 살던 파라 파드힐에게 평화는 딴 세상 이야기였다. 부시가 그 라디오 연설을 하고 나서 몇 주 후에 18세의 파라는 바그다드 북부의 아파트 단지를 급습한 미군에게 살해당했다. 파라는 천천히 고통스럽게 죽어 갔다. 파라의 몸은 미군이 던진 수류탄 파편에 맞아 여기저기 떨어져 나갔다. 파라가 쓰러져 죽어 갈 때 문을 부수고 쳐들어온 미군 병사들은 다짜고짜 영어로 게릴라 전사들이 어디 숨어 있냐고 소리쳤다. 그러나 그곳에는 피를 흘리며 죽어 가는 파라와 이를 지켜보는 어머니와 남동생만 있었다.

어째서 이런 일이 일어났는가? 파라의 가족은 알고 싶었다. 자신들도 모르는 사이에 그 아파트 단지가 미 점령군에 저항하는 '후세인 지지자'들의 본부가 된 것일까? 그날 습격으로 형제를 잃은 카삼 하산도 다음과 같이 하소연했다. "우리가 알고 싶은 것은 도대체 왜 그랬냐는 겁니다." 그러나 아무도 대답해 주지 않았다. 이 사건은 생존자들에게 전말을 듣게 된 〈옵서버〉의 영국인 기자를 통해 바깥 세상으로 알려졌다. 그러나 이라크 주둔 미군 홍보실은 파라 파드힐이 죽어야 했던 이유를 해명하는 것은 고사하고 아파트 단지 급습 사실조차 부정했다.

파라의 가족은 미국 정부 관리들이 2003년 3월 이라크 침공을 정당화하며 되풀이했던 구호와 발언을 곱씹어 보는 수밖에 없었을 것이다. 대량 살상 무기, 알카에다와의 접촉, 지역 안정에 대한 위협 … 그러다 보면 다음과 같은 의문이 생겼을 것이다. 도대체 그런 것들이 파라와 무슨 상관이란 말인가? 몇 달 후 미군은 한때 미국의 동맹이었으나 지금은 악마처럼 미워하는 적 사담 후세인을 체포했다. 다시 한 번 미국 언론들은 독재자가 쫓겨나서 이라크인들의 삶이 나아졌다고 마구 떠들어 댔다. 물론 파라 파드힐의 소식은 빼고 말이다.

6년 후 이라크에서 동쪽으로 약 1200킬로미터 떨어진 곳의 상황도 비슷했다. 2009년 5월 4일 아프가니스탄 서부 파라 주에 있는 그라나이를 비롯한 세 마을의 주민은 땅거미가 지자 안도의 한숨을 내쉬었다. 하루 종일 미군과 탈레반 전사들이 마을 근처에서 전투를 벌였기 때문이다. 총성은 탈레반이 퇴각하고 나서야 모두 멈췄지만, 이미 오후 7시쯤에는 그라나이 남성들이 저녁 기도회에 참석할 만큼 평화로웠다.

그러나 한 시간 후, 미군 전투기가 그곳을 폭격했다. 〈뉴욕 타임스〉가 보도한 목격담에 따르면, 미군이 떨어뜨린 폭탄의 파괴력이 어찌나 강력했던지, 사망자들의 몸은 갈가리 찢어졌고, 생존자들은 시신의 파편들을 모아 장례식을 치를 수밖에 없었다고 한다. 폭격 당시 12세 소녀 틸라는 엄마와 두 여동생과 함께 있었다. 틸라 가족은 다른 주민들과 함께 그라나이에 몇 없는 방 7개짜리 튼튼한 집으로 황급히 피신했다. 폭격은 멈추지 않았지만, 틸라는 안심하고 잠들었다. 비행기가 지나가는 굉음에 눈을 떴는데, 곧 엄청난 폭발이 일어났다. 주민 수십 명이 피신한 그 건물에 미군의 폭탄이 떨어진 것이다.

〈뉴욕 타임스〉는 그 건물에서 구조된 생존자가 여성 한 명과 아동 여섯 명이 전부였다고 보도했다. 틸라는 다음 날 아침 돌더미에서 구출되기까지 무슨 일이 벌어졌는지 기억하지 못하고 심각한 화상과 부상을 입었다. 세 마을의 생존자 명단으로 추정하면, 사망자는 147명이나 된다고 한다.

이라크에서 파라 파드힐이 죽은 지 6년이라는 세월이 지났지만, 미국이 벌이는 다른 전장에서도 사람들은 똑같은 물음을 던졌다. 어째서 이런 일이 일어났는가? 어째서 미군은 그 조용한 작은 마을에 끔찍한 살상 무기를 퍼부었단 말인가? 그것도 미군이 애초에 겨냥했던 탈레반 전사들이 퇴각했는데도 말이다.

이번에는 대답이 있었다. 그러나 정직한 대답은 하나도 없었다. 먼저 미군 장성들은 탈레반이 수류탄 공격으로 사람들을 죽게 해 놓고는 미군이 폭격한 것처럼 꾸며 냈다고 주장했다. 국방장관 로버트 게이츠는 다음과 같이 해명했다. "다들 아시다시피, 탈레반은 민간인 사상자들을 이용합니다. 때로는 민간인 사상자를 만들어 내기도 하죠." 미 국방부는 결국은 그라나이 참사가 미군의 폭격 때문이었다고 시인했지만, 사망자 수는 부풀려진 것이라고 우겼다. 미군은 공식 조사 끝에 민간인 사망자가 "26명으로 추정"된다고 결론지었다. 그 26명의 사망도 미군 탓으로 돌릴 수는 없다고 강변했다. 미군 대변인 크리스틴 시든스트리커 소령은 기자회견에서 다음과 같이 말했다. "탈레반이 공연히 사태를 부추겨서 민간인이 죽었다는 것은 엄연한 사실입니다." 미국이 무슨 짓을 저지르든 무조건 탈레반 탓이라는 것이었다.

그라나이 학살 생존자들은 다시 물었다. 그렇다면 어째서 우리의 아들, 딸, 엄마, 아빠가 죽어야 했는가? 그러나 6년 전 이라크인들이 들은 것과 다를 바 없는 기만적 대답을 들었다.

그것도 이번에는 전쟁을 끝낼 것이라는 기대를 한 몸에 받았던 새 미국 대통령의 입에서 나온 대답이었다. 2009년 12월 육군사관학교에서 오바마는 아프가니스탄 전쟁을 확대하겠다고 발표했다. 발표 당시 오바마는 마치 조지 W 부시의 분신인 듯했다. "미국과 우방, 전 세계가 하나로 뭉쳐 알카에다의 테러 네트워크를 제거하고 공동 안보를 지키고자 노력했습니다. … 우리의 최종 목표는 여전합니다. 아프가니스탄과 파키스탄에서 알카에다를 파괴하고 해체하고 격퇴하고, 훗날 우리와 우방을 위협할 수 없도록 사전에 가능성을 차단하는 것입니다."

2008년 당시 대통령 후보였던 오바마는 부시 정부의 거짓말을 줄기차게 비난한 바 있다. 즉, 이라크에 미국과 우방국들을 겨냥한 무기가 잔뜩 있었고 이라크가 빈 라덴과 알카에다의 근거지였다는 식의 거짓 선동을 했다고 말이다. 그러나 오바마는 자기가 비난한 짓을 아프가니스탄에서 그대로 하고 있다. 전쟁으로 희생된 아프가니스탄 주민들은 대부분 빈 라덴과 무관한 가난한 사람들이다. 이들은 과거 집권 세력이었던 탈레반을 싫어할 테지만, 결혼식장을 폭격하는 미 점령군을 더 싫어할 것이다.

어려운 주민들을 돕고 테러리즘에 맞서 싸우려고 아프가니스탄에 파병한다는 것은 이라크에서 그랬듯이 거짓말이다. 전임자 부시와 마찬가지로 오바마의 정책도 전 세계에서 미국 제국을 방어하고 확장하려는 정·재계 지배층의 이해관계에 따라 결정됐다.

그 때문에 민주당원이 백악관에 들어갔어도 미국의 전쟁 정책이 그대로 이어진 것이다.

사실 오바마는 후보 시절에 아프가니스탄에 군대를 증파하겠다고 약속한 바 있다. 선거 유세 때, "삼천포로 빠진" 이라크 전쟁이 아니라 "진정한 전쟁"인 아프가니스탄 전쟁에 집중해야 한다고 주장한 것이다. 그러나 그를 반전 후보로 여겨 지지한 유권자들이 경악할 만큼 오바마는 공약을 잘 지켰다. 임기 첫해에 군대를 두 차례 증파해서 아프가니스탄 주둔 미군을 갑절로 늘리겠다고 발표한 것이다. 독립 언론 기자인 제러미 스케이힐의 보도를 보면, 용병을 이용해서 점령을 유지하는 정책은 오바마 정부 들어서 더 확대됐다. 2009년 말 현재 아프가니스탄 주둔 미군 18만 9000명 중 3분의 2가 용병이다. 무인 폭격기가 아프가니스탄과 파키스탄 접경지대를 공격하는 횟수가 늘어나면서 전쟁이 다른 나라로 번질 위험성도 커졌다.

"삼천포로 빠진" 이라크 전쟁도 당장 끝나지는 않을 것이다. 오바마 정부가 약속한 '철군' 계획을 보면 2010년 말에도 이라크에는 미군 5만 명이 남아 있을 것이고, 미국 용병은 오히려 25퍼센트나 늘어난다.

부시가 대통령일 때 미국은 중동에서 이스라엘과 긴밀하게 공조하는 정책을 폈다. 한 예로 부시 정부는 2006년에 이스라엘을 부추겨 레바논과 전쟁을 하게 했고, 그 때문에 레바논 인구의 4분의 1이 피난길을 떠나야 했다. 당시 상원의원이었던 오바마는 이스라엘을 방문해서, 레바논 접경지대의 요새화한 이스라엘 정착촌 주민들에게 연대를 약속했다. 이스라엘은 2009년 1월 오바마의 대통령 취임식 몇 주 전의 시점을 겨냥해 가자 지구를 무자비하게 공격했다. 그러나 당시 대통령 당선자였던 오바마는 침묵으로 그 범죄에 공모했다. 대통령 취임 이후 오바마는 정착촌 건설을 몇 번 소심하게 비판했지만, 이스라엘은 이를 무시했다. 이후 오바마는 전임자처럼 아무 말도 하지 않았다. 그 결과 아직도 이스라엘은 중동에서 미국의 동맹으로서 전초기지 구실을 하는 반면, 팔레스타인인들은 천장만 없을 뿐 감옥과 다를 바 없는 가자 지구와 요르단 강 서안 지구에서 죽을 고생을 하고 있다.

대체로, 오바마 정부의 대외 정책은 전술과 미사여구 측면에서 부시 정부와 조금 다르지만, 그 본질은 수십 년 동안 지속된 양대 정당의 합의를 고스란히 반영하고 있다. 즉, 공화당 정부에서든 민주당 정부에서든, '테러와의 전쟁'은 해외에서 미국의 군사력을 확장하고 국내에서 시민적 자유를 짓밟는 것을 정당화하는 데 이용됐다.

그 결과 아프가니스탄과 이라크는 생지옥이 됐다. 미 국방부는 세계에서 가장 위험한 무기를 20년간의 전쟁으로 이미 황폐해진 최빈국 아프가니스탄에 쏟아부었다. 2008년에 아프가니스탄 주민의 평균수명은 44세였다. 아프가니스탄은 유아사망률이 세계에서 두 번째로 높다. 즉, 아동 넷 중 하나 이상이 5세가 되기 전에 죽는다. 미국이 세워 놓은 카르자이 정권은 부패가 심각하다. 카르자이는 2009년 대통령 선거에서 "압도적 지지"를 받고 당선됐다지만, 선거 감시단은 카르자이가 얻은 표 가운데 100만 표는 조작된 것이라고 추정했다. 카르자이 정권은 잔혹한 군벌들에 기대고 있으며, 이 군벌들은 탈레반 시절과 똑같이 여성을 억압하는 등의 악행을 일삼았다.

이라크 상황도 끔찍하기는 마찬가지다. 유엔난민고등판무관실이 추산한 바로는 2003년 침공 이후 집을 잃은 난민이 470만 명을 넘는다. 당시 이라크 인구가 2500만 명이었으니까 거의 5명 중 1명꼴로 난민이 된 셈이다. 의학 저널 〈랜싯〉은 2006년 6월 말까지 전쟁으로 죽은 이라크인이 65만 5000명에 이른다고 계산했다. 이슬람 종파 간 내전이 계속되고 있으므로 오늘날 이라크인 사망자 수는 100만 명을 족히 넘을 것이다.

무엇 때문에 그래야 하는가? 테러리즘을 저지하기 위해? 9·11 테러에 복수하기 위해? 전 세계를 위협하는 대량 살상 무기를 없애기 위해? 민주주의를 증진하기 위해? 여성을 부르카에서 해방시키려고? 많은 미군 병사들은 이라크에서 해방자로 환영받을 것이라는 말을 들었다. 그러나 그들은 그저 총알받이였을 뿐이다. 그래서 미군 병사들도 스스로 깨달은 바가 있었다. 당시 이라크 주둔 101공수사단에서 복무한 팀 프레드모어는 고향에서 발행되는 지역신문에 다음과 같이 기고했다.

이 전쟁은 현대판 십자군 전쟁 같다. 피억압자를 해방하는 전쟁도, 끝없는 정복욕과 지배욕을 품은 악마 같은 독재자를 몰아내는 전쟁도 아니다. 다른 나라의 천연자원을 지배하기 위한 전쟁일 뿐이다. 적어도 여기 이라크에 있는 우리가 보기에는 석유야말로 우리가 여기에 주둔하는 진짜 이유다. … 이제 더는 내가 보기에 반쪽짜리 진실과 새빨간 거짓말에 불과한 것을 위해 군에 복무해야 할 이유가 없다. 여기서 내 복무 기한은 거의 끝나 간다. 나와 함께 근무한 동료들도 마찬가지다. 이곳에서 우리는 모두 아무 이유도 없고 정당성도 없는 죽음에 직면해 있다.

"대기업의 고급 경호원"

미국은 전쟁을 벌일 때마다 전쟁의 정당성을 대대적으로 홍보했다. 그러나 속을 들여다 보면 미국 정부가 군사적 충돌을 감행하는 동기는 아주 간단하다. 그리고 그 동기는 100여 년 전 미국-스페인 전쟁에서 승리한 미국이 세계 열강으로 발돋움한 이후 변함이 없었다. 그때도 전쟁 지지자들은 카리브 해와 태평양의 스페인 식민지 주민들을 해방하려고 전쟁을 벌인다고 떠들어 댔다. 그러나 미국이 진짜로 노린 것은 스페인이 지배하던 쿠바와 푸에르토리코, 필리핀, 괌을 빼앗아서 새로운 식민지 지배자로 등극하려는 것이었다.

미국은 다른 열강보다 뒤늦은 후발 제국이었지만, 폭력을 동원해 그 격차를 따라잡았다. 미국 제국의 출발지는 스스로 '뒷마당'으로 여긴 라틴아메리카였다. 20세기에 미군은 쿠바를 다섯 번, 온두라스를 네 번, 파나마를 네 번, 도미니카공화국을 두 번, 아이티를 두 번, 니카라과를 두 번, 그레나다를 한 번 침공했다.

미국은 차츰차츰 군대를 전 세계로 보내서, 힘이 약한 나라들을 정복했을 뿐 아니라 세계 분할을 둘러싸고 다른 열강들과도 싸웠다. 이 충돌은 경제적 충돌이기도 했고 군사적 충돌이기도 했다. 그러나 이 제국 건설 사업, 즉 제국주의는 민주주의나 해방과 무관했다. 정치인들이 떠들어 대는 것과 달리, 미국을 비롯한 열강들은 결코 독재를 끝장내거나 '인도주의'를 위해 전쟁을 일으키지 않았다. 경제적·정치적 권력을 유지·강화하려고 전쟁을 벌였을 뿐이다.

미군 장성 스메들리 버틀러는 주로 라틴아메리카에서 근무했다. 그는 20세기 초에 해병대 장교로서 미국의 군사적 개입을 여러 차례 지휘한 인물이다. 버틀러는 자신의 임무에 대해 일말의 환상도 품지 않았다.

나는 대기업, 월가, 은행가들의 고급 경호원 노릇을 하며 대부분의 시간을 보냈다. 한마디로 나는 자본주의를 위한 깡패였다. … 그래서 1914년에는 미국 석유 업계의 이익을 위해 멕시코, 특히 탐피코*를 안전하게 하는 작업을 도왔다. 아이티와 쿠바를 내셔널시티뱅크가 돈을 벌기 좋은 곳으로 만드는 일을 도와주기도 했다. … 1909~12년에 브라운브러더스의 국제 금융회사를 위해 니카라과를 깨끗이 정리하는 일을 도왔다. 1916년에는 미국 제당업계의 이익을 위해 도미니카공화국을 점령했다. 1903년에는 온두라스를 미국 과일 회사들에게 '좋은' 곳으로 만드는 일을 도왔다.

오늘날에도 미국 제국주의는 결코 친절하거나 관대하지 않다. 사회주의자들은 흔히 미국 제국주의를 무조건 반대한다는 비난을 듣는데, 이것은 사실이다. 왜냐하면 우리 사회주의자들은 미국 정부가 결코 정의나 민주주의를 위해 전쟁을 한다고 보지 않기 때문이다. 우리는 아프가니스탄과 이라크, 중동 등지의 주민들이 '열강'의 간섭 없이 스스로 자국 지배자들을 몰아내고 자신의 운명을 결정해야 한다고 믿는다.

부시 정부가 벌인 이라크 전쟁에 반대한 많은 사람들(반전운동의 지도자들을 비롯해서)이 오바마에게는 관대하다. 그들은 이렇

---

* Tampico, 멕시코 동남부의 항구도시.

게 당파를 초월한 미국 제국주의의 역사를 더 면밀하게 볼 필요가 있다. 《이라크에서 철군해야 하는 이유》의 저자인 앤서니 아노브가 〈소셜리스트 워커〉와 인터뷰할 때 지적했듯, "미국의 주류 매체뿐 아니라 많은 좌파들도 공유하는 굉장히 근시안적인 틀을 넘어서는 것이 중요하다. 부시 집권 시절 사실상 모든 좌파는 마치 미국 제국이 조지 W 부시 때문에 시작된 것처럼 말하고 행동했다. 즉, 부시, 딕 체니, 도널드 럼스펠드, 일부 네오콘, 아무리 넓게 봐도 공화당 같은 소수 집단만이 미국 제국을 운영한다는 듯이 말이다."

부시 2세 전의 미국 정부가 더 '평화적'이었던 것도 아니고 미국의 패권 유지에 군사력을 덜 사용한 것도 아니다. 50여 년 동안 미국 정부는 단 하루도 빠짐없이 세계 곳곳의 충돌 현장에 군대를 보냈다. 공화당 정부와 민주당 정부는 단지 전술이 달랐을 뿐이며, 심지어 그조차도 같을 때가 있었다.

우리는 전쟁으로 얼룩진 세계에 산다. 그 전쟁은 대부분 미국 정부가 자문, 무기, 병력 등을 지원해서 (노골적으로든 은밀하게든, 직접적으로든 간접적으로든) 관여한 것이다. 약소국이 중동의 석유 같은 굉장히 중요한 경제적 이권을 위협하거나, 1990년대 발칸반도에서 그랬듯 중요한 지역의 정치 질서를 어지럽혀서 미국 등 열강들의 심기를 거스르는 일이 벌어지면 열강들은 그 약소국을 굴복시키려고 갖은 애를 쓸 것이다. 20세기에는 여기서 더 나

아가 열강들끼리 서로 싸우는 끔찍한 세계대전도 두 차례나 벌어
졌다. 이런 전쟁은 결국 경제 권력, 즉 어느 제국주의 국가가 세계
의 어느 지역을 지배할 것인지를 둘러싸고 벌어진 것이었다.

전쟁은 자본주의 역사의 변치 않는 특징이었다. 전쟁은 자유
시장 체제의 핵심에 놓여 있는 가차없는 이윤 경쟁에서 비롯한
다. 즉, 전쟁은 자본가들 간의 경제적 경쟁이 국가 간의 정치적·
군사적 경쟁으로 번진 결과다. 따라서 자본주의에서는 전쟁이 일
어날 수밖에 없다. 평범한 사람들이 폭력과 전쟁을 부르는 이 체
제에 저항하지 않는다면, 전쟁은 피할 수 없다.

맥도날드와 맥도넬더글러스

총과 폭탄은 사회주의자들이 말하는 '제국주의'의 일부일 뿐이
다. 미국의 군사력이 전 세계 구석구석으로 뻗어 나가는 것은 미
국이 (소수의 다른 열강들과 함께) 세계경제를 지배한다는 뜻이
기도 하다. 1998년에 〈뉴욕 타임스〉 칼럼니스트인 토머스 프리드
먼이 말했듯이 이 둘[군사력과 경제력]은 함께 작용한다. "시장의 보이
지 않는 손은 보이지 않는 주먹이 없으면 작동하지 않는다. F-15
기를 제작한 맥도넬더글러스가 없으면 맥도날드도 번창할 수 없
다. 실리콘밸리의 기술을 위해 세계를 안전하게 지켜 주는 보이지

않는 주먹을 미국 육군·공군·해군·해병대라고도 부른다."

IMF와 세계은행은 경제원조를 애타게 기다리는 가난한 나라들을 통제하려고 미국이 만든 국제 금융기관이다. 그래서 두 기구는 자신들이 보기에 '적절한' 정부 정책을 강요하며 협박하고 횡포를 부릴 수 있었다. 비록 2000년대 말에는 경제 위기 때문에 뒷전으로 밀려나긴 했지만, 두 기구는 오랫동안 세계 도처의 빈국에 '구조조정'을 강요했다. 그래서 가난한 나라의 정부들은 공공 지출을 줄이고, 국영기업과 공공서비스를 이윤에 눈이 먼 민간 업체에 매각해야 했다.

이 모든 것이 이른바 '신자유주의' 시대에 일어난 일이었다. 신자유주의 시대는 고삐 풀린 자유 시장의 시대였다. 그래서 세계의 경제 대국들, 특히 미국이 마음대로 세계를 주무를 수 있었다.

20년 전만 해도 빈곤은 현대 자본주의와 동떨어진 머나먼 오지에서나 만연한 현상인 듯했다. 그러나 지금은 결코 그렇지 않다. 신자유주의의 결과로, 아프리카 중부의 찢어지게 가난한 나라들에서조차 서방 기업들이 세운 현대식 공장과 그 주변에 판자촌이 공존하는 것을 흔히 볼 수 있다. 그 공장에서 노동해서는 최저 생활임금도 벌 수 없기 때문이다.

이런 사례는 자본주의의 특징을 잘 보여 준다. 즉, 자본주의는 전 세계를 점점 더 끔찍하고 고통스럽게 만들고 있다. 그러나 제국주의와 자유 시장 체제의 야만성을 가장 분명히 보여 주는 것은 가장 기본적인 필수품, 즉 식량이 생산되는 방식과 미국 정부가 식량을 무기로 이용한다는 사실이다.

유엔 식량농업기구는 해마다 암울한 통계를 발표한다. 지구 어디선가 영양실조나 영양 관련 질병으로 해마다 죽는 5세 미만 어린이가 약 600만 명이나 된다고 한다. 이 600만 명은 현대사에서 상징적인 수치다. 제2차세계대전 때 나치에게 학살당한 유대인의 숫자이기 때문이다. 굶주림 때문에 전 세계 어린이가 해마다 홀로코스트를 겪는 셈이다. 그러나 이런 재앙에도 세계 각국 정부들은 대책을 취하지 않고 있다.

낮춰 잡은 통계 수치로도, 세계의 식량 생산량은 모든 인류가 하루에 2800칼로리씩 섭취하고도 남는다. 하루 2800칼로리면 유엔 식량농업기구가 권장하는 하루 최소 섭취량보다 많다. 당장 먹을 수 있는 식량만 해도 그만큼이란 말이다. 심지어 전 세계에 있는 토지를 잘 경작하면 400억 명도 너끈히 먹여 살릴 수 있다는 연구 결과도 있다. 인류가 아무리 늘어나더라도 400억 명이 되기는 쉽지 않을 것이다.

그러나 현실에서는 굶주린 이들이 먹을 것을 구하지 못한다. 유엔의 자료를 보면 2009년에 굶주림으로 고통받은 인구가 10억 명 이상이다. 인류 전체로 보면 6명 중 1명꼴이다. 왜 그래야만 하는가? 다른 언론도 아니고 주류 기득권층의 신문인 〈파이낸셜 타임스〉가 그런 비극이 벌어지는 추악한 이유를 잘 요약한 바 있다.

"요즘 사람들이 굶주리는 이유는 식량 공급이 모자라서가 아니다. 가난하기 때문에 굶주리는 것이다." 자본주의 사회에서 식량은 자동차나 텔레비전, 의약품, 의료보험과 똑같이 상품으로 취급된다. 그래서 식량 생산도 굶주리는 사람들을 먹여 살리기 위한 것이 아니라 모든 사람을 먹여 살리지는 않는 방식으로 조직된다. 그래야 가격이 오르고, 따라서 이윤도 많이 남기 때문이다.

사실, 거대 농업 기업들은 선진국 정부들과 결탁해서 가격을 높게 유지해 왔다. 2000년부터 미국 정부는 해마다 직간접 농업 보조금으로 150억~350억 달러를 지급했다. 그 돈은 대부분 '잉여' 곡물을 사들여서 농산물 가격을 높게 유지하는 데 쓰였다. 예를 들면, 미국에서 생산되는 밀은 국내 수요의 갑절이나 된다. 이렇게 공급이 수요를 초과하면 빵 같은 식품 가격이 떨어져야 정상이다. 그러나 정부는 가격이 떨어지지 않도록 남는 밀을 사들인다.

정치인들은 농업 보조금이 미국의 '농가'를 지원한다고 주장한다. 거짓말이다. 환경 단체 '인바이런먼털 워킹 그룹'의 자료를 보면 1995년 이후 농업 보조금의 71퍼센트가 상위 10퍼센트의 생산자들에게 지급됐다. 즉, 다국적기업이 (직접 소유하지는 않더라도) 지원하는 거대 농업 기업들에 돌아간 것이다.

미국 정부가 사들이는 식량은 대부분 식량 원조에 쓰여 전 세계로 배분된다. 물론 다른 문제에서도 그렇듯 미국 정부의 식량 원조도 순수한 동기에서 비롯한 것이 아니다. 식량 원조는 미국의 이해관계를 관철하는 무기로 쓰인다. 즉, 정치적으로 미국 정부의 지정학적 계획에 도움이 되는 곳과 경제적으로 미국 기업의 이윤 추구에 도움이 되는 곳에 원조를 제공한다.

게다가 미국의 법률은 국내에서 재배한 곡물로만 식량 원조를 하도록 정해 놓았다. 식량 원조를 받는 나라에 그 곡물이 남아돌더라도 미국산 곡물을 지원받아야 한다. 그래서 2000년 초 미국이 기아에 허덕이는 에티오피아에 100만 톤이 넘는 곡물을 보냈을 때, 현지 농부들의 추산으로는 이미 에티오피아 창고에 현지 재배한 옥수수, 밀, 수수, 콩이 10만 톤 넘게 쌓여 있었다. 에티오피아 주민들은 그 식량을 살 돈이 없었을 뿐이다.

미국 정부가 식량을 원조하는 이유는 굶주린 이들을 먹이고 기근이 든 나라를 도와서 스스로 농업 생산을 발전시키도록 하기 위해서가 아니라, 식량 가격을 떨어뜨려서 자국 식품 기업들의 이윤을 끌어내릴 '잉여' 식량을 없애기 위해서다. 그 결과 미국 국내에서는 식품 가격이 높게 유지되고 해외에서는 특히 개발도상국의 경쟁자들이 타격을 입는다. 그사이에 전 세계의 가난한 사람들은 허기에 시달려야 한다. 독일의 시인 베르톨트 브레히트는 이런 체제를 두고 다음과 같이 썼다. "기근은 그냥 발생하는 것이 아니라 곡물 상인들이 조직하는 것이다."

전쟁과 빈곤, 제국주의 지배로 얼룩진 현실은 이처럼 암울하다. 그러나 이런 현실은 저항을 불러일으키기도 했다. 그 저항은 라틴아메리카에서 가장 두드러졌다.

미국 정부가 예전부터 자기네 '뒷마당'으로 여긴 라틴아메리카는 1999년 베네수엘라 대통령 선거에서 우고 차베스가 승리하면서부터 좌경화하기 시작했다. 브라질에서는 금속 노동자 출신이자, 노동조합 지도자였고, 노동자당의 당수였던 룰라가 2002년 대선에서 승리하면서 이 좌경화의 흐름을 이어 가는 듯했다. 그러나 룰라는 전임자의 신자유주의 정책을 수용하고, 미국과 긴밀하게 협력하며 라틴아메리카 지역에서 아류 제국주의 행세를 했다. 그래서 자신을 지지해 준 좌파들을 실망시켰다. 그러나 투쟁의 물결은 멈추지 않고 대륙 전체로 퍼져 나갔고, 그 결과 볼리비아에서는 에보 모랄레스가, 에콰도르에서는 라파엘 코레아가, 파라과이에서는 페르난도 루고가 선거에서 승리하며 집권에 성공했다.

볼리비아에서는 모랄레스가 당선하기 전에 민중 항쟁이 일어나 대통령 카를로스 메사가 쫓겨났고, 미국의 후원을 받는 자유시장 보수파 인사 두 명도 집권에 실패했다. 투쟁은 모랄레스 정부 아래에서도 계속됐고, 좌파들은 모랄레스가 다국적기업에 너무 많이 양보했다고 비판하면서도, 옛 소수 특권층의 끊임없는 공격에 맞서서는 모랄레스를 방어했다.

그러나 라틴아메리카 좌경화의 진앙지는 바로 베네수엘라다.

우고 차베스는 '21세기 사회주의'를 지지한다고 선언했고 정부의 자원을 대중조직이나 문맹 퇴치 운동 같은 사회적 프로젝트에 투여했다. 2002년에는 미국이 지원한 쿠데타가 일어나, 차베스가 군용기에 실려 나라 밖으로 쫓겨났다. 그러나 수도 카라카스의 수많은 빈민들이 쿠데타를 저지하려고 대거 쏟아져 나온 덕분에 차베스는 라틴아메리카의 다른 좌파 지도자들에게 닥쳤던 운명을 피할 수 있었다. 쿠데타 세력은 항복했고, 차베스는 의기양양하게 수도로 돌아왔다.

차베스는 사회 개혁을 주창하고, 몇몇 공장을 국유화해 노동자들이 통제하게 하는 등 민중 권력 기구를 옹호했다. 또, 정치 권력을 자기 수중에 집중시키려 했고 자신과 가까운 정치인들과 정부 관리들의 권한을 강화하려 했다. 차베스는 라틴아메리카에서 미국의 권력에 대항하고 국내에서 부유한 기득권층에 맞서 싸우는 진정한 좌파다. 그러나 진정한 민중 권력과 대중 민주주의를 확립하는 데까지 나아가지는 않았다. 그럼에도 차베스의 집권과 영향력 확대는, 미국 정부가 제멋대로 주도한 신자유주의 시대가 끝났으며 수많은 사람들이 신자유주의의 지배를 되돌리려는 어떠한 시도에도 맞설 태세임을 보여 준다. 더 많은 투쟁과 충돌이 벌어질 무대가 마련됐다.

04
사회주의란 무엇인가?

사회주의의 기본 사상은 간단하다. 사회의 자원이 사람들의 필요를 충족하는 데 쓰여야 한다는 것이다. 인류가 삶의 모든 분야에서 이룩한 엄청난 성과는 소수의 사람들을 부자와 권력자로 만드는 데 쓰일 것이 아니라, 모든 사람이 빈곤과 억압, 폭력에서 벗어나 풍요롭고 보람찬 삶을 살기 위해 필요한 것을 모두 제공하는 데 쓰여야 한다.

굶주린 사람은 먹어야 하고, 집 없는 사람은 집이 있어야 한다. 아픈 사람은 첨단 의술로 치료받을 수 있어야 한다. 이는 매우 자명한 진리다. 그런데 왜 이 자명한 진리를 거스르는 자본주의 같은 체제를 용인해야 하는가?

사회주의 사회가 되면 먼저 부자의 막대한 부를 빼앗아서 모든 사회 구성원의 기본적 필요를 충족하는 데 쓸 것이다. 2008년에 유엔 식량농업기구 사무총장은 각국 정부에 세계 기아 문제를 해결하는 운동에 해마다 300억 달러씩 쓰자고 호소했다. 빌 게이츠와 워런 버핏, 래리 엘리슨, 월턴가의 후손들이 가진 재산이면 앞으로 10년 동안 그 비용을 댈 수 있을 것이다. 2009년 코펜하겐 기후 정상 회의에서는 지구온난화에 가장 심각한 영향을 받는 가난한 나라 77개국이 회의 참가국들에 2000억 달러를 투자해서 자신들의 위기를 해결해 달라고 간청했으나 허사였다. 월가의 투자은행과 헤지펀드를 비롯한 대형 금융회사 23곳이 2009년에 지급한 보너스만으로도 그 돈의 3분의 2를 충당할 수 있을 것이다.

무기와 전쟁에 낭비되는 돈도 모두 어딘가 유익한 곳에 쓰일 수 있는 돈이다. 2010년 미국 정부는 '해외 비상 작전'* 예산과 국방부 예산으로 6638억 달러를 책정했다. 해마다 군비로 지출되는 돈의 6퍼센트만 있어도, 중간치 임금을 받는 교사 100만 명을 더 고용할 수 있다. 군비 지출의 절반이 약간 안 되는 돈으로도 미국 교육체계의 모든 수준에서 교사를 갑절로 늘릴 수 있고, 그러면 학교는 기술·문화·예술을 부흥하는 견인차가 될 것이다.

---

* 부시 정부의 '테러와의 전쟁'을 이름만 바꾼 것이다.

주요 무기 개발 계획에 들어가는 돈 1250억 달러를 삭감하면 교통부 예산을 갑절로 늘려서 미국 도시의 악명 높은 대중교통 체계를 개선할 수 있을 것이다.

군비로 낭비되는 돈만 이 정도다. 광고를 없애 보면 어떨까? 먼저, 광고 방송 시간대를 사는 데 드는 돈이 엄청나다. 그러나 그밖에도 맥도날드 햄버거와 밀러 맥주 판매원으로 고용된 노동자들이 자신의 재능을 교육에 바쳐서, 영양 섭취 같은 중요한 과학적 문제나 정부가 무엇을 하려 하는지를 사람들에게 알리는 일을 한다면 어떨지 상상해 보라.

사회주의자에게 미래의 사회주의 사회 모습을 정확하게 보여주는 청사진 따위는 없다. 왜냐하면 미래 사회의 모습은 그 사회에 사는 세대가 스스로 결정할 것이기 때문이다. 그러나 어렵지 않게 그려 볼 수 있는 부분도 많다. 사회주의 사회에서는 먼저 모든 사람이 넉넉하게 먹고 튼튼한 집에서 살게 될 것이다. 교육은 유치원에 들어가기 전부터 대학을 졸업할 때까지 모두 무료일 것이다. 교사와 학생은 교육제도를 어떻게 개편할지를 결정할 수 있고, 그러면 학교는 모든 학생의 재능을 계발한다는 본연의 목표에 충실할 수 있을 것이다. 모든 지역에 의료 시설을 제대로 갖춘 병원과 보건소 네트워크가 구축돼 누구나 무료로 의료 서비스를 이용할 수 있을 것이다. 가스와 전기를 비롯한 공공서비스 요금도 사라질 것이다. 대중교통도 무료가 될 것이고, 운영 자금이 확충

돼 훨씬 더 효율적인 시스템이 될 것이다.

이것은 그저 시작일 뿐이다. 하룻밤 사이에 이 모든 일이 벌어지지는 않을 것이다. 그러나 이런 목표가 사회의 우선순위에 오른다면, 모든 사람이 그 목표를 당장 실현하려고 달려들 것이다.

계획 vs 자유 시장

사회주의 사회는 그동안 지배계급이 축적한 부는 물론 그들의 경제적 통제권도 빼앗을 것이다. 생산수단은 사회 전체가 소유하고 통제할 것이다. 사회에 중대한 영향을 미치는 경제적 결정을 내릴 때는 모든 사람이 참여할 것이다.

자본주의에서는 경제의 전반적 방향이 계획되지 않는다. 자본가들은 경쟁에서 한발이라도 앞서길 바라며 밀실에서 투자를 결정한다. 즉, 올해 잘나갈 상품 모델이나 신제품, 향후 트렌드 등을 결정한다. 투자가 성공한다는 것은 시장점유율이 높아지고 상품이 더 많이 팔리고 이윤이 늘어나는 것을 뜻한다. 따라서 식량을 얼마나 생산할지, 집을 얼마나 더 지을지, 어떤 약을 연구·개발해서 제조할지, 어떻게 전력을 생산할지 등의 문제가 모두 자유 시장의 혼돈에 맡겨진다.

경제가 좋은 시기에는 누구나 성공하는 듯하다. 기업은 대담하게 투자하고 돈이 굴러 들어오는 것을 바라본다. 〈포브스〉나 〈포춘〉은 경영자들의 뛰어난 혜안을 칭송한다. 그러나 너무 많은 기업들이 시장에 뛰어들다 보면, 시장은 포화 상태가 되고 이윤율이 떨어지기 시작한다. 그러면 너도나도 투자하던 상황이 거꾸로 뒤집힌다.

이것이 바로 자본주의의 경기순환이다. 경기순환에 따라 불황이 찾아오는 것은 세상이 돌아가는 이치라고들 한다. 사회주의자 업튼 싱클레어도 다음과 같이 썼다. "불경기라고 하는 것은 마치 겨울처럼 신비하고 냉혹하고 온 세상을 휩쓰는 자연현상 같은 것이다."

그러나 자본주의에서 나타나는 경제 위기는 결코 "자연"스럽거나 "신비한" 현상이 아니다. 카를 마르크스와 프리드리히 엥겔스가 말했듯, 자본주의의 급격한 성장기에 불황의 발판이 마련된다. 왜냐하면 자본가들이 상품을 너무 많이 생산하면 결국은 이윤을 남기며 팔 수 없게 되기 때문이다. 이윤율이 떨어지기 시작하면 기업들은 비용 감축에 나선다. 그래서 임금을 깎고, 노동자를 해고하고, 공장을 폐쇄한다. 마르크스와 엥겔스는《공산당 선언》에서 다음과 같이 썼다.

경제 위기 때는 과거의 모든 시대에는 터무니없게 보였을 사회적 전염병이 나타난다. 그것은 바로 과잉생산이라는 전염병이다. 사회는 갑자기 일시적 야만 상태로 후퇴한다. 마치 기근이나 전쟁으로 모든 생존 수단의 공급이 차단되고 공업과 상업이 파괴된 듯한 상황이 펼쳐진다. 왜 이런 일이 벌어지는가? 너무 많은 문명, 너무 많은 생존 수단, 너무 많은 공업, 너무 많은 상업이 존재하기 때문이다.

'과잉생산'이라는 말은 언뜻 피부에 와 닿지 않는다. 경제 위기 때는 대다수 사람들이 필요한 것이 모자라는 경험을 하기 때문이다. 뉴욕의 거리에 사는 노숙자 처지에서 보면, 아파트 "공급이 너무 많다"거나 빈집을 원하는 "수요가 너무 적다"는 것이 말이나 될까? 그러나 기업의 처지에서 보면, 못 가진 사람들이 많아도 얼마든지 "공급이 너무 많을" 수 있다. 기업에게는 이윤이 중요한데, 상당한 이윤을 남기며 팔기에는 "공급이 너무 많을" 수 있기 때문이다.

사회주의의 방정식에서는 이윤이라는 변수가 빠진다. 따라서 모든 사람이 사회의 자원을 공동으로 소유하고 통제하면서, 얼마나 많은 돈을 벌 수 있는지가 아니라 무엇이 필요하고 무엇을 원하는지에 따라 민주적으로 결정을 내릴 것이다. 사회주의 사회에서는 무책임한 소수가 기업 이사회실에서 내린 결정에 따라 경제가 좌우되지 않고 모든 사람이 경제의 우선순위를 토론하고 논쟁하고 계획해서 그 결과에 따라 경제를 운영할 것이다.

어떻게 이것이 가능한가? 먼저, 경영진의 일방적 지시와 명령에 따르는 것이 아니라 모든 노동자가 자기 작업장에서 무슨 일을 할지에 대해 발언권을 갖게 될 것이다. 그리고 민주적으로 선출된 대표들의 협의 기구에서 사회 전체의 우선순위를 토의하게 될 것이다. 여기서 핵심은 그 대표들이 자신을 뽑아 준 사람들에게 책임을 지게 하는 제도가 있어야 한다는 것이다. 이와 더불어, 인터넷 같은 기술 발전 덕분에 정치·사회 문제에 관한 소식이나 정보, 논쟁을 세계 구석구석으로 알리기가 더 쉬워졌다는 것도 지적해 둘 만하다.

가짜 사회주의

모든 구성원이 사회 전체의 방향에 대한 결정 사항을 공유하는 것이 가능할까? 사회주의적 계획이 제대로 실현되려면 반드시 그래야 한다. 따라서 사회주의 사회는 민주적이어야 한다. 지금의 체제보다 훨씬 더 민주적이어야 한다.

자본주의와 민주주의는 병행 발전한다는 말이 많지만 현실은 결코 그렇지 않다. 저개발국의 자유 시장 모델은 주로 독재 정권이 운영한다. 민주주의 사회라고 자랑하는 나라에서도 민주주의는 2~4년마다 치르는 선거로 한정된다. 사회주의는 자본주의보다 훨씬 민주적일 것이다.

그러나 학교에선 정반대로 가르친다. 스탈린 치하 소련이나 중국을 비롯해 지금도 존재하는 이른바 '사회주의 나라들'의 역사를 보면, 사회주의는 당의 우두머리가 보안경찰과 군대를 동원해서 사람들을 통제하는 사회라고 결론지을 수도 있다.

그러나 사회주의 전통의 창시자들이 주장한 기준으로 보면 이 나라들은 모두 사회주의가 아니다. 마르크스는 그 기준을 다음과 같이 요약했다. "노동계급의 해방은 노동계급이 스스로 쟁취해야 한다."

옛 소련처럼 사회주의를 표방한 나라의 지배자들이 스스로 뭐라고 주장했는지는 중요하지 않다. 마치 '민주'라는 글자가 들어간 미국 민주당이 남북전쟁 전에는 남부 노예주들의 정당이었고 그 후에는 인종 격리주의자들인 딕시크랫의* 정당이기도 했던 것처럼 말이다. 핵심은 노동자들이 사회를 통제하느냐 아니냐다. 소련을 비롯해 '사회주의'의 보루라는 나라들에서 노동자들은 자유와 민주주의를 누리기는커녕 착취와 억압을 당했고 사회적·정치적 권력에서 철저하게 소외됐다.

물론 소련에서는 국가가 생산수단을 소유했다. 그러나 진정한 문제는 누가 국가를 소유하느냐다. 모종의 기층 민주주의 제도를 통해 인민 대중이 '소유권'을 행사하는 사회가 아니라면, 그래서

---

* 딕시Dixie는 미국 남부 여러 주를 일컫는 별칭으로, 딕시크랫은 남부의 지주계급을 중심으로 한 민주당 내 유력 보수파를 말한다.

소수의 특권층이 선의에서든 악의에서든 사회 운영 방식을 결정할 권한을 행사한다면, 그것은 사회주의의 기본 개념에 어긋나는 사회다.

다른 나라들도 흔히 사회주의로 오인되는데, 스웨덴처럼 사회 복지 제도가 잘 발달한 유럽 나라들이 그렇다. 실제로 이런 나라들은 정부가 사회 안전망을 제공하는 데 주력한 덕분에 노동자가 살기 좋아졌다는 것을 자랑거리로 삼는다. 신자유주의 시대 들어서 그런 '사회주의' 성격이 옅어지기는 했지만 말이다. 그러나 이 나라들에서 과연 노동계급이 실질적 통제권을 쥐고 있는가? 아니면 위에서 내린 결정을 그대로 따라야 하는가?

그 나라 지배자들이 자화자찬하는 말을 걷어 내고 보면, 그런 사회도 미국 자본주의와 비슷한 체제라는 것을 알 수 있다. 무엇보다, 그곳에서도 소수가 사회를 마음대로 쥐락펴락하며 특권과 권력을 누리고 있다.

이 점은 흔히 사회주의를 연상시키는 유럽 나라에서 분명히 드러난다. 어찌 됐든, 산업의 국유화가 사회주의 사회의 유일한 기준이라면, 영국판 로널드 레이건이라 할 수 있는 마거릿 대처도 사회주의자가 아니라고 딱 잘라 말하기 어려워진다. 왜냐하면 대처 정부는 국가의료서비스NHS와 영국 석탄 산업을 소유(광원노조를 상대로 오랫동안 전쟁을 치를 때조차 그랬다)하고 있었기 때문이다.

스탈린과 그의 후계자들이 지배하던 옛 소련의 관료 집단도 사회주의자들이 아니었다. 이 지배계급도 서방 자본주의 체제의 지배계급과 마찬가지로 경쟁에서 이기기 위해 생산을 조직했다. 그 경쟁은 개별 자본가들의 시장 쟁탈전 같은 경제적 경쟁이 아니라 정치적 생존을 위해 서로 싸우는 국가자본주의 간의 군사적 경쟁이었다. 그 체제에서도 서방 자본주의와 마찬가지로 노동력을 최대한 쥐어짜는 것이 목표가 됐고, 스탈린 치하 소련에서는 기계 설비와 공장이 군사력을 증강하는 데 사용됐다. 냉전 기간에 미국과 소련이 앞다퉈 파괴 수단을 축적하는 정신 나간 경쟁을 벌인 것을 보면, '마르크스주의' 관료들이 지배한 옛 소련에서도 자본주의 생산 논리가 작용했다는 것을 쉽게 이해할 수 있다.

'사회주의 체제'의 지배자들이 언뜻 착취자나 억압자로 보이지 않는 나라들도 마찬가지다. 예를 들어 쿠바에서는 미국이 후원한 독재자 중 부패가 가장 심했던 풀헨시오 바티스타 정권이 1959년 혁명으로 무너지면서 '사회주의 체제'가 들어섰다. 쿠바 대중은 미국 제국주의의 지배에서 벗어나면서 훨씬 나은 삶을 누렸다. 새 정부가 사회적 자원을 문맹 퇴치 운동 같은 사업에 기꺼이 쏟아부었기 때문이다. 쿠바 혁명은 라틴아메리카 대륙과 전 세계의 민중이 미국 제국주의나 자국 지배자들에 맞서 싸우도록 용기를 줬다.

따라서 카스트로 정권은 바티스타 정권보다 훨씬 더 나았다.

카스트로를 몰아낼 꿈을 키워 온 친미 반공주의자들이 새로 정권을 잡는다 해도 카스트로 정권보다 나을 수는 없을 것이다.

그러나 카스트로 정권이 사회주의 정권인 것은 아니다. 예나 지금이나 쿠바 대중은 혁명을 방어하는 일에 동원되기 일쑤지만, 사회가 어떻게 조직돼야 하는지에 대해서는 실질적 발언권이 전혀 없다. 그 권한은 대체로 선출되지 않는 소수 특권층이 쥐고 있다. 쿠바 지배자들은 성소수자를 억압하는 등 특정 사안에서는 기본적인 민주적 권리조차 침해하면서도 사회주의자를 자처해서 비웃음을 사기도 한다. 쿠바 지배자들이 민중을 위해 지배한다고 쳐도, 문제는 그들이 지배한다는 데 있다. 진정한 사회주의 체제라면, 그들은 다수의 민주적 의지를 따라야 한다.

미국 사회주의자인 핼 드레이퍼는 이런 논의를 요약하면서, 근본부터 서로 다른 사회주의의 두 가지 '정신'을 제시했다. 하나는 위로부터 사회주의다. 그것은 사회민주주의 정당들이 자본주의적 민주주의 체제에서 집권 경쟁을 벌이며 자유 시장의 틀 내에서 진보적 정책들을 실행하려고 노력하는 것일 수도 있고, 정치 엘리트들이 사회주의를 내세우며 국가를 관료적으로 통제해서 사회를 운영하는 것일 수도 있다. 다른 하나는 아래로부터 사회주의다. 마르크스와 엥겔스에서 유래한 아래로부터 사회주의의 요체는 노동계급의 자기 해방 사상이다. 엥겔스는 사회주의에서 민주주의와 노동자 권력이 중요하다는 것을 다음과 같이 설명한다.

개인이 자유롭지 않으면 사회도 자유롭지 않다는 것은 말할 나위도 없다. 따라서 옛 생산양식은 혁명으로 철저하게 뒤집어엎어야 한다. 옛 생산양식을 대체할 새로운 생산양식에서는 어느 누구도 자기가 해야 할 생산노동을 남에게 떠넘길 수 없을 것이고 … 생산노동은 인간을 예속시키는 수단이 아니라 모든 개인에게 자신의 능력을 개발하고 실현하는 기회를 줘서 인간을 해방하는 수단이 될 것이다.

멋진 말이다. 그렇다면 오늘날 그런 사회주의의 실제 사례가 지구상에 존재하는가? 없다. 다만 과거의 투쟁에서 미래의 사회주의가 어떤 모습일지 힐끗 볼 수 있을 뿐이다. 그러나 그렇게 힐끗 파악한 모습들과 노동계급 투쟁의 전통은 사회주의가 가능하다는 것을 보여 줄 뿐 아니라, 그 사회가 어떻게 민주주의와 자유를 보장하는지도 대강 보여 준다.

지난 100년 동안 벌어진 가장 거대한 사회적 격변들의 핵심 특징은 바로 대중의 참여였다. 1917년 러시아 혁명 이후 [1928년] 스탈린의 반혁명 전까지 잠시 존속한 노동자 권력 실험, 1920년대 초 독일의 혁명 물결, 1930년대 스페인 혁명, 1970년대 포르투갈 혁명을 보라. 이 투쟁에서는 모두 대중의 행동과 경험이 핵심적이었다.

그런 투쟁들의 공통 특징은 투쟁이 절정에 달했을 때(즉, 투쟁의 물결이 다시 가라앉기 전에) 투쟁을 조직하고 사회를 운영하는 방식을 다수가 결정하는 제도들을 만들어 냈다는 점이다. 그때마다 노동자 민주주의는 노동자 평의회 체제로 구현됐다. 예를 들어 러시아에서는 1905년 혁명기에 노동자 평의회(러시아어로 '소비에트')가 자발적으로 생겨났다. 이 기구는 1917년에 부활했다. 처음에 소비에트는 작업장에서 선출된 대표들의 위원회로 등장했고, 주로 경제 문제를 다뤘다. 그러나 더 광범한 정치 문제도 다뤄야 할 필요성 때문에 소비에트는 지역 수준으로, 나아가 전국 수준으로 확산됐다.

소비에트는 구체제에 맞서 싸우는 투쟁의 와중에 생겨난 기구였던 만큼, 노동자들이 권력을 행사하는 새로운 체제의 토대가 된 것은 당연했다. 작업장 위원회에서 대표된 노동자들의 의사는 그 작업장에서 생산하는 부를 어디에 쓸지를 결정하는 데도 그대로 반영됐다. 이것을 바탕으로 소비에트는 다른 피억압 집단에게도 손을 내밀고 그들의 견해도 대변했다.

미국의 사회주의자이자 1917년 러시아 혁명을 목격하고 《세계를 뒤흔든 열흘》을 쓴 존 리드는 소비에트의 정신을 다음과 같이 설명했다. "대중의 의사에 이토록 민감하게 반응하는 정치기구는 일찍이 없었다. 대중의 의사가 빠르게 변하는 혁명의 시기에는 이러한 정치기구가 꼭 필요했다."

러시아의 소비에트를 시작으로 다른 나라에서도 생겨난 노동자 평의회는 모두 비슷한 특징을 공유했다. 선출된 대표는 누구든지 즉시 소환될 수 있었다. 그래서 노동자들은 자신이 뽑은 대표를 통제할 수 있었다. 또, 선출된 대표는 자신을 뽑아 준 사람들보다 더 많은 보수를 받거나 더 높은 사회적 지위를 누릴 수 없었다. 그리고 투표 장소는 멀리 떨어진 투표소가 아니라 대중집회 현장이었다.

이런 제도의 가장 기본적인 특징들(집회와 토론, 민주적 의사결정 방식 등)은 대부분 오늘날 활동가들이나 시위·점거·파업 참가자들에게는 익숙한 것들이다. 이 풀뿌리 민주주의의 구성 요소들은 투쟁과 운동이 발전하고 성숙하면 다수의 의사를 반영하는 더 큰 구조 속에서 결합될 수 있다. 그런 체제의 정확한 모습은 약간 다를 수 있겠지만, 과거의 투쟁에서 그랬듯이 인민의 대표가 인민에게 **책임을 진다**는 민주적 원칙은 여전히 중요할 것이다.

인간 본성과 사회주의

사회주의의 핵심은 평등을 실현하는 것이다. 마르크스는 "능력에 따라 일하고, 필요에 따라 분배한다"는 간단한 구호로 이 목표를 요약했다. 그러나 매우 기이한 반론이 자주 제기된다. 인간은 자신의 생계만 확실히 보장된다면 가족, 지역사회 전체, 나아가 전 세계 사람들이야 어찌 되든 신경 쓰지 않을 것이라는 주장이다. 평등한 사회가 실현돼도 우리 인간의 본성은 결코 평등한 세계를 용납하지 않을 것이라는 말이다. 인간은 경쟁하고, 싸우고, 질투하고, 증오하는 등의 본능을 타고났기 때문이란다.

인간이 그럴 수밖에 없는 이유를 더는 기독교처럼 허무맹랑하게, 즉 인간의 결함은 "불멸의 영혼" 때문이라는 식으로 설명하지 않는다. 요즘에는 폭력성, 이기심, 범죄 성향, 그 밖의 특정 행동을 결정하는 유전자가 발견됐다는 소식이 권위 있는 과학적 설명이랍시고 심심치 않게 들려온다. 이웃보다 더 큰 집에서 살고 싶은 것이 우리의 세포에 아로새겨진 본능이라는 주장은 언뜻 그럴듯하게 들린다. 그러나 그것이 진실일까?

먼저 이런 인간 본성론은 자본주의에서도 흔히 볼 수 있는 이타적 행동을 설명하지 못한다. 자본주의에서도 자식을 위해 희생하는 부모가 있고, 서로 사랑하며 보살펴 주는 가족이 있고, 이웃과 지역사회를 위해 헌신하는 사람들이 있다. 위기나 재난이 닥치면 이런 연대 정신이 그야말로 전 세계로 퍼지기도 한다. 허리케인 카트리나 때문에 뉴올리언스가 쑥대밭이 됐을 때, 세계 도처에서 구호의 손길이 쇄도했고, 심지어 자국의 절박한 사정 때문에 미국의 원조가 시급한 나라들에서도 그랬다.

물론 이런 나눔의 정신이 사회 전체로 번지는 것은 아니다. 특히 소득 사다리 위로 올라갈수록 나눔의 정신은 희박하다. 자선단체들이 낸 통계를 보면, 있는 놈이 더하다는 옛말이 옳다는 것을 확인할 수 있다. 존 스타인벡의 소설 《분노의 포도》에 나오는 인물은 다음과 같이 충고한다. "좋은 교훈을 하나 얻었지. … 아프거나 사정이 어려워지거든 꼭 가난한 사람들을 찾아가거라. 오직 가난한 사람들만이 너를 도와줄 거야."

경쟁과 폭력, 탐욕으로 얼룩진 사회에서 나타나는 이런 사례들은 불변의 인간 본성보다는 사회적·경제적 환경으로 더 잘 설명할 수 있다. 모두에게 넉넉하게 돌아가지 않는 현실이 아귀다툼 심리를 낳는 법이다.

범죄를 예로 들어 보자. 먼저, 전쟁을 일으키거나, 위험한 노동조건을 강요하거나, 환경오염처럼 진정한 흉악 범죄라고 해야 마땅한 많은 범죄들은 사실, 법으로 다스리지도 못한다. 그러나 대다수 사람들이 '범죄'라고 여기는 것으로 국한해서 보더라도, 사람들이 '범죄'를 저지르는 가장 큰 이유는 경제적 궁핍 때문이다. 위대한 급진주의자이자 변호사였던 클래런스 대로는 1914년에 재소자들에게 한 연설에서 다음과 같이 말했다. "범죄의 으뜸가는 원인은 가난입니다. 따라서 가난을 구제하지 못하면 범죄 문제도 해결할 수 없습니다."

"범죄를 엄히 다스리겠다"는 정치인들이 정말로 그 약속을 지키고 싶다면, 사람을 자포자기하게 해서 범죄에 빠지게 하는 경제적·사회적 상황을 해결해야 하고, 보수가 후한 일자리, 청소년 교육과정, 보육 시설, 의료보험 등을 확대하고 사회적 자원이 필요한 사람들을 도와주는 정책을 장려해야 한다. 그러나 정치인들은 감옥을 더 짓고 처벌을 강화해야 한다는 말만 앵무새처럼 반복한다. "잡아넣고 풀어 주지 말자"는 것이 이들의 해결책인 것이다. 이런 해결책은 잘못된 이데올로기를 머릿속에 심는다. 즉, 문제의 사회적 원인이 우리를 둘러싼 세상에 있는데도 그것을 보지 못하게 하고, 개인의 약점이나 형편없는 인격, 악의에 초점을 맞추게 한다. 범죄를 저지를 운명을 타고난 아이들을 가난에서 벗어날 수 있도록 청년 취업 정책에 돈을 대는 것이 무슨 소용이 있겠는가?

사회주의자는 비난의 화살을 돌려서, 범죄의 사회적 원인에 초점을 맞춘다. 과학자인 스티븐 제이 굴드는 다음과 같이 썼다.

인간의 두뇌는 굉장히 유연하기 때문에 인간은 얼마든지 사나울 수도 온순할 수도 있고, 지배할 수도 복종할 수도 있으며, 모질 수도 너그러울 수도 있음을 알면서도, 굳이 공격성이나 악의를 나타내는 특정 유전자를 상정할 필요가 있겠는가? 폭력과 성차별, 일반적 악의는 인간이 할 수 있는 행동의 범위 내에 존재한다는 점에서 생물학적이다. 그러나 평화, 평등, 상냥함도 마찬가지로 생물학적이고, 우리가 이런 성질들이 꽃필 수 있는 사회구조를 만들어 낸다면, 이 좋은 성질들의 영향력도 커질 것이다.

따라서 이렇게 좋은 행동이 확산될 수 있는 환경을 조성하고

자 싸우는 것이 중요하다. 사회주의자들의 주장을 요약하면 이렇다. 경쟁과 탐욕, 폭력 등을 낳는 물질적 환경을 제거하면, 인류는 항상 사랑과 친절, 연대, 희망 등 우리가 소중하게 여기는 가치를 바탕으로 행동할 수 있다.

사회주의는 자본주의에서 짓눌린 채 살아가는 사람들을 해방시켜서, 각자 진정으로 원하는 일(의사든 과학자든 예술가든)을 할 수 있도록 기회를 주는 것이다. 사회주의 사회는 인류가 쌓아 온 기술과 지식을 이용해서 힘들고 보람 없는 일들을 줄일 것이고, 미처 줄이지 못한 일들은 공평하게 분담할 것이다. 최종 목표는 그런 일에서 모든 사람을 해방시켜서 각자 좋아하는 일을 하게 하고, 여가 시간을 충분히 보장해서 누구나 경이로운 세계를 마음껏 즐길 수 있게 하는 것이다.

자본주의는 인간의 창의성을 질식시킨다. 그리고 오직 소수에게만 사회에 대해 고민해 보라고 요구한다. 이 소수는 대부분 공익을 위해서가 아니라 사리사욕을 위해 그렇게 한다. 평범한 사람들이 자신이 하는 일에 대해 내놓는 의견이 중시되는 사회를 상상해 보라. 조립라인에서 일하는 노동자들이 작업 속도에 대해서 내놓는 의견, 병원 노동자들이 의료 자원의 활용 방안에 대해서 내놓는 의견, 학생들이 역사 수업의 교육 방식에 대해 내놓는 의견이 중시되는 사회를 말이다. 그런 사회에서 사람들은 자본주의에서는 결코 꿈조차 꿀 수 없었던 인간다운 삶을 누리게 될 것이다.

05
체제 변화는 어떻게 가능한가?

오바마 임기 첫해 말에 일어난 사건은 그의 개혁 공약과 실망스런 현실 사이의 간극을 상징적으로 보여 줬다. 전쟁 대통령 오바마가 노벨 평화상을 수상한 것이다.

오바마의 선거 승리, 적어도 민주당 예비선거 승리는 사람들이 그를 유력한 반전 후보로 여긴 덕분이었다. 그러나 오바마는 노벨 평화상을 받으러 오슬로에 가기 1주일 전 아프가니스탄 2차 증파 계획을 발표해서, 이미 8년이나 계속된 전쟁을 더 격화시키려 했다.

물론 오바마는 의례적인 인사말, 곧 이런 영예를 얻게 돼 "대단히 황송합니다" 하고 수상 소감을 시작했다. 그러나 곧바로 미국

제국주의의 오만함을 드러내는 추악한 말(조지 W 부시나 했을 법한)을 했다. "우리가 무슨 실수를 했든, 분명한 사실은 이것입니다. 미국은 국민의 피와 군사력으로 60년 이상 세계 안보에 기여했습니다. 미군 장병의 노고와 희생 덕분에 독일에서 한국까지 평화와 번영을 누릴 수 있었습니다."

세계 안보에 기여했다고? 결혼식장에 미군 폭탄이 떨어져 사지가 찢겨 죽은 무고한 아프가니스탄인들의 가족에게 그런 말을 해 보라. 미군 덕분에 평화와 번영을 누릴 수 있었다고? 25년 전에 미국이 승인하고 인도네시아가 자행한 대량 학살의 피해자 동티모르인들에게 그렇게 말해 보라. 미국 국민의 피? 이라크인이면 누구나, 미국의 중동 석유 지배권 때문에 흘린 이라크인들의 피에 대해 얘기할 수 있다.

오바마의 목표가 공화당 우파(오바마를 "테러리스트의 친구"라고 비난하고, 오바마가 케냐에서 태어났다고 믿는 미치광이들에게 잘 보이려고 애쓰는)에게 인정받는 것이었다면, 그는 정말로 성공했다. 세라 페일린은 "오바마의 연설이 맘에 든다"고 떠들었다. 뉴트 깅리치는 "매우 역사적인 연설"이라고 치켜세웠다. 월터 러셀 미드(미국외교협회CFR의 '미국 외교정책 담당 헨리 키신저 선임 연구원*'이라는 직함을 보면 더 알아볼 것도 없는 자다)

---

* 미국외교협회는 격월간지 《포린 어페어스》를 발행하는 '가장 영향력 있는' 외

는 기쁨을 감추지 못하고 다음과 같이 말했다.

버락 오바마는 노벨 평화상 수락 연설에서 조지 W 부시의 외교정책과 거의 다르지 않은 자신의 정책을 신중하고 조리 있게 옹호했다. 오바마는 첫 번째 전쟁을 서서히 끝내면서, 두 번째 전쟁을 확대하고 있고, 이란 압박을 강화하고 있다. 그는 미국이 자위를 위해 단독으로 행동할 주권이 있음을 천명했다. 물론 이 권리를 행사하지 않아도 되기를 바란다면서 말이다.

부시가 그렇게 말했다면, 전 세계가 격렬하게 비난했을 것이다. 그런데 오바마가 말하자, 사람들은 좋아한다. 나도 마찬가지다. … 우리의 외교정책을 전 세계에 납득시키는 오바마의 능력에 열광하게 됐다. 그는 단지 돼지 입술에 립스틱을 바른 것이 아니라, 그 돼지를 꽃단장해서 예절 학교에 보냈다.

오바마의 노벨상 수락 연설과 미드 같은 자들의 반응은 다음과 같은 핵심 사실을 입증하는 또 다른 증거다. 즉, 진정한 변화는 결코 선출된 정치인, 특히 현상 유지에 몰두하는 정당을 이끄

<hr />

교정책 연구소이며, '미국 외교정책 담당 헨리 키신저 선임 연구원'은 베트남 전쟁, 칠레 군사 쿠데타, 인도네시아의 동티모르 침공 등 국제적 전쟁범죄와 불법 행위에 책임이 있는 전前 미국 국무장관 헨리 키신저를 '기념'해서 설치된 직책이다.

는 정치인이 가져다주지 않는다는 것이다.

다른 사회를 바라는 사람들은 그 사회를 이룰 수 있는 방법이 무엇인지도 선택해야 한다. 현실적 방법은 "체제 내의 대안"이라고들 한다. 즉, 미국 같은 나라에서 정부는 결국 "국민의 의지"를 대표하게 돼 있으므로 변화를 일으키고 싶으면 민주적 절차를 따라 "체제 내에서 활동"해야 한다는 것이다. 그러나 오바마 정부의 경험을 보면 체세 내부의 개혁이 가능할지 의문이다.

말 따로 행동 따로

버락 오바마의 대통령 선거운동은 한 세대 넘게 주류 정치에서 일어난 어떤 사건보다 더 대중의 열광적 반응을 불러일으켰다. 오랫동안 보수 정치가 지배하던 워싱턴에도 활력을 불어넣었다. 그러나 실제로는 오바마 정부도 혐오스런 전임 정부들처럼 행동하는 경우가 너무 많았다.

사실 오바마 정부는 부시 정부가 임기 말에 월가를 구제하려고 내놓은 정책들을 거의 그대로 도입했다. 국유화는 없었다. 이빨 빠진 경영진 보수 억제 정책이 고작이었는데, 허점이 너무 많아서 최고 갑부들조차 가뿐하게 빠져나갈 수 있을 정도였다. 금융 개혁이나 새로운 규제 정책도 없었다.

의료보험 문제를 보면, 오바마 정부는 처음부터 단일 보험 체계(정부가 전 국민을 책임지는)는 "고려 대상이 아니"라고 선언했다. 그러고 나서 '이해 당사자'(말하자면, 이해관계가 얽히고설킨 병원·보험회사·제약회사 등)와 협상하기 시작했고, 무보험자를 위한 '공적 의료보험' 같은 어중간한 제도마저 점차 내팽개쳐 버렸다.

심지어 부시 정부만큼 못하기도 쉽지 않은 문제에서조차 오바마는 실망스러웠다. '국가 안보'와 시민적 자유 문제에서 오바마 정부는 부시 정부의 정책을 고수하기 일쑤였다. 예컨대, 군사재판, 고문이 합법인 동맹국에 용의자 넘겨주기, 영장 없이 도청하기, 불법행위를 저지른 정부 관료의 기소를 막기 위해 행정권 남용하기 등이 그렇다.

물론 오바마가 부시와 완전히 똑같이 행동한 것은 아니다. 2009년 6월 '성소수자 자긍심의 달'에 오바마는 "레즈비언, 게이, 바이섹슈얼, 트랜스젠더가 일상적으로" 당하는 억압과 천대를 강력히 비난하는 성명을 발표했다. 분명히 조지 W 부시는 죽었다 깨어나도 못할 말이었다. 그러나 이 성명을 발표한 지 며칠 만에 오바마의 법무부는 위헌 소송에서 결혼보호법*과 군대 내 '묻지

---

* Defense of Marriage Act, 1993년 하와이 주 대법원이 동성 부부를 합법화하고 다른 주 거주 동성애자가 하와이 주에서 혼인을 해도 이를 인정해야 한다고 판결하자 이를 무력화하고자 1996년 제정된 법. 결혼을 한 남성과 한 여성의 법률적 결합으로 규정하고, 동성혼이 특정 주에서 합법이어도 다른 주가 효력을 인정해야 하는 것은 아니라고 규정했다.

도 말하지도 않기' 정책(오바마는 후보 시절 이 두 가지 동성애
자 차별 조처를 폐지하겠다고 약속했다)을 옹호했다.

이런 사례는 한두 개가 아니다. 이런 사례들은 버락 오바마가
결코 변화를 추구하는 운동가(선거운동 기간에는 그렇게 되겠다
고 주장했다)가 아니라 훨씬 더 전통적인 정치인, 즉 미국을 지배
하는 양당 정치체제의 여느 정치인과 마찬가지로 현상 유지에 헌
신하는 사람임을 보여 준다.

왜 월가 구제금융이 그런 식으로 이뤄졌는지 궁금하다면, 오
바마 재무부의 고위 관료들이 누구와 자주 연락을 주고받는지
살펴보라. 진보적 정책과 연관 있는 인물은 찾을 수 없을 것이다.
즉, 노동조합 출신, 진보적 연구소 출신, 지역사회 운동가는 한 사
람도 없을 것이다. 초대형 은행 골드만삭스의 전 경영진 같은 사
람들만 우글우글할 것이다.

재무장관 팀 가이트너는 골드만삭스 출신은 아니지만, 오바마
정부를 구성하는 인물들의 면면을 완벽하게 보여 준다. 그들의
정치적 관점은 금융·정치 엘리트의 협소한 세계에 갇혀 있고, 그
세계에서 그들은 전문직 경력을 쌓아 왔다.

2009년 가을 정보공개법을 이용해 재무장관 가이트너의 통화
기록과 일정표를 입수한 〈AP통신〉의 보도를 보면, 골드만삭스,
시티그룹, JP모건체이스의 CEO들은 "가이트너와 오랫동안 알고
지낸 월가의 경영진" 중 핵심 인사들이었다. "가치가 수십억 달러

에 이르는 그들의 기업은 가이트너의 도움으로 경제 위기에서 살아남았다. 그들은 전화를 걸어 미국에서 가장 영향력이 큰 경제 관료와 통화할 수 있다. … 골드만삭스, 시티그룹, JP모건은 필요하면 하루에도 몇 번씩 가이트너와 통화할 수 있고, 그래서 정책에 영향을 미칠 절호의 기회를 잡을 수 있다."

미국의 정치 시스템이 어떻게 움직이는지 이보다 더 잘 보여 주는 사례도 없을 것이다. 평범한 사람들은 2~4년에 한 번 자신이 지지하는 후보에게 투표해서 정부 정책에 영향을 미칠 수 있다. 그러나 골드만삭스나 시티그룹 경영자는 2~4시간마다 정부 정책에 훨씬 더 직접 영향을 미칠 수 있다. 그저 전화만 하면 된다.

오바마에게 투표한 많은 사람들도 가이트너 같은 자들이 정부 정책에 영향을 미친다는 사실을 안다. 그들이 오바마를 비판하지 않는 이유 하나는, 오바마 주위의 나쁜 참모들이 오바마의 본심(선거운동 때 드러났던)을 왜곡하고 있다고 생각하기 때문이다. 그러나 더 큰 이유는, 따지고 보면 오바마도 정경 유착 체제(선거운동 때 오바마가 이제는 바꾸자고 주장했던 바로 그 체제)의 일부라는 사실을 깨달았기 때문이다.

오바마의 선거운동이 10달러, 20달러, 50달러짜리 '소액 기부'에 의존했다는 자랑이 거짓임을 알면 좀 이해가 될 것이다. 선거자금연구소의 조사 결과를 보면, 오바마는 후원금의 80퍼센트 이상을 200달러 이하 소액 기부자들이 아니라 1000달러 이상

고액 기부자들에게 받았다. 물론 오바마 선거운동에 그토록 많은 소액 기부가 모인 것 자체는 전례가 없는 일이다. 그러나 그 후보가 '큰손들'과 1000달러 이상 고액 기부자에게 모은 돈이 2억 1000만 달러나 된다는 것도 전례 없는 일이다.

2008년 대선과 관련해 유용한 사실이 또 있다. 많은 주요 기업인들의 정치 후원금 기부 대상 1순위가 공화당에서 민주당으로 바뀌었다는 사실이다. 어느 뉴욕대학교 재정학과 교수가 〈워싱턴 포스트〉에 말했듯이, 월가를 다시 규제하겠다는 위협 때문에 헤지펀드들은 "정치과정에 관여하는 데 큰 관심을 갖게 됐다. … 그들은 … 오바마가 당선할 가능성이 높고, 따라서 오바마에 대한 영향력을 강화하는 것이 매우 유리할 것이라고 분석했다." 이렇게 보면, 오바마 정부가 월가에 관대한 조건으로 구제금융을 제공하고 은행가들에게 아무런 부담도 지우지 않으려 한 이유를 더 쉽게 이해할 수 있다. 헤지펀드들은 사실상 새 정부에 대한 '영향력'을 매수한 것이다.

오바마가 기업의 영향을 특별히 많이 받는다는 얘기가 아니다. 미국 정치체제에서 흔히 그러듯이 오바마도 기업인들과 공통의 이해관계를 가지고 있다는 얘기다. 오바마는 개혁가나 반체제 인사가 아니라 미국 정치를 지배하는 두 주류 정당 가운데 하나의 지도자다. 표를 얻으려고 사용한 미사여구가 무엇이었든 간에 두 정당은 기업과 정치 엘리트의 이익에 맞게 체제를 운영해 온

오랜 역사가 있다. 아래로부터 압력에 떠밀려 달리 행동해야 하지 않는 한 말이다.

물론, 선거에서 승리하려면 평범한 사람들의 표를 얻어야 한다. 정치인들이 실제로 어떻게 체제를 운영하고 누구 말에 귀를 기울이는지 정직하게 말하면, 아무도 그들에게 투표하지 않을 것이다. 모든 후보들은, 심지어 대기업의 가장 믿음직한 도구 노릇을 하는 골수 공화당원조차 "국민에게 봉사"하고 평범한 미국인들의 삶을 개선하겠다고 말한다.

그러나 이것은 자본주의 정부의 본질을 반영하는 거짓말이다. 정치인들은 부자들에게 봉사하도록 만들어진 체제의 대중적 얼굴마담이다. 그들의 임무는 말로는 대중을 위한다면서 표를 얻고 실천에서는 진정한 주인을 위해 일하는 것이다. 오바마가 아무리 그럴듯한 말을 하더라도, 이런 규칙의 예외가 될 수 없다.

민주당은 다른가?

미국 정치체제의 양대 정당인 공화당과 민주당은 현상 유지를 위해 일한다. 둘 다 자본가 정당이고, 자본주의와 그 제도를 수호하고 유지하는 데 헌신한다. 그렇다고 이 둘이 완전히 똑같다는 뜻은 아니다. 두 정당은 서로 다른 구실을 한다. 공화당은 미국 재계의 의제들을 가차없이 추구하는 반면, 민주당은 기성 체제의 핵심 이익을 보존하기 위해 반대 의견도 받아들이고 절충하려 한다. 어떤 쟁점에서든 대다수 공화당원은 대다수 민주당원보다 보수적일 가능성이 크다. 그러나 두 정당을 묶어 주는 근본적 유사점과 비교하면, 그 차이는 미미하다.

게다가, 선거철에는 많은 사람들이 이 유사점을 생각하지 않는다. 두 정당 사이에서만 선택해야 하다 보니 차이만 부각된다. 이 때문에 민주당은 '서민의 정당'(노동자와 소수자의 이익을 더 많이 신경 쓰는 정당)이라는 당치 않은 평판을 얻는다. 집권했을 때의 행적과 무관하게 말이다.

잠깐 역사를 살펴보자. 우선, 민주당의 서민 정당 이미지는 기껏해야 1930년대 대공황 시기에 생긴 것이다. 처음에 이 '서민의 정당'은 남부 노예주들의 정당이었다. 북부에서는 기반이 약했고 대도시의 부패한 정치기구를 중심으로 조직돼 있었다. 이런 사정이 바뀐 것은 오로지 대통령 프랭클린 델러노 루스벨트의 뉴딜 개혁 덕분이었다. 뉴딜 개혁은 오늘날 연방정부와 연관된 많은 정책들(사회보장제도와 고용보험 같은)의 토대를 닦았다.

이것은 중요한 성과였다. 그래서 노동 대중이 이런 정책들과 연관 있는 정치인들을 노동자의 친구로 여기는 것도 이상하지 않다. 그러나 루스벨트 자신은 그렇게 생각하지 않았다. "자산가들은 내가 이윤 체제의 가장 든든한 친구라는 사실을 깨닫지 못한다." 루스벨트는 대공황으로 말미암아 사회적 격변이 일어나는 것을 막으려고 뉴딜 개혁을 추진한 것이다.

루스벨트는 미국이 여전히 위기에 빠져 있던 1932년에 대통령 선거에 출마했지만, 그의 선거 강령은 노동자의 권리나 정부의 일자리 창출 정책을 옹호하는 것이 아니었다. 반대로 그는 선거 운동 내내 당시 대통령이자 공화당 후보였던 허버트 후버의 "무모한" 정부 지출을 공격했다. 루스벨트는 정부 지출을 삭감해 균형 예산을 이루겠다고 약속했다.

그러나 경제 위기가 너무 심각해서 집권 후 루스벨트는 다른 식으로 대응해야 했다. 그럼에도 뉴딜의 기본 원리를 제안한 것은 이상주의적 사회 개혁가가 아니라 제너럴일렉트릭의 제라드 스워프와 뉴저지스탠더드오일의 월터 티글 같은 재계 거물들이었다. 이들은 사적 자본주의의 폐단을 규제하려면 국가 개입이 필요하다고 생각했다.

루스벨트와 '뉴딜 자본가들'은 대중의 요구에 어느 정도 양보해야 한다는 것을 깨달았다. 그러나 그들의 조처는 매번 떠밀려서 어쩔 수 없이 취한 것들이었다. 국가산업부흥법의 유명한 7조 1항(노동조합의 단체교섭권을 보호하는 조항)을 지지한 사람들 중 일부는 그 조항을 사용자가 지배하는 노동자 '협회'를 지원해서 노동조합을 대체하게 하는 수단으로 봤다. 이 조항이 진정한 의미를 획득한 것은 오로지 노동자들이 그 조항을 조직화 수단으로 채택(흔히 자발적으로 이루어졌고, 직업별 노조인 미국노동총동맹AFL의 보수적 지도자들은 노조 결성을 선동하지 않았다) 하고 나서였다. 다시 말해, 루스벨트의 개혁을 '노동자 프렌들리' 하게 만든 것은 기층의 행동이었던 것이다.

루스벨트는 투쟁과 항의 운동이 분출하자 압력을 느꼈다. 실업자들의 행동, 약속한 수당을 요구하며 '보너스 행진'에 나선 제1차세계대전 참전 군인들의 투쟁, 강제 퇴거에 반대한 직접행동의 확산, 특히 1937년 연좌 파업 물결에서 절정에 달한 파업과 노조 결성 운동이 그런 압력이었다. 그러나 대중의 요구에 대한 양보는 모두 마지못해 이뤄졌다. 예를 들어, 퇴직연금 제도는 어정쩡한 타협의 산물이었다. 이 제도는 근로소득세 납부 실적에 따라 미래의 연금 수준이 결정되는 등 재정 구조가 역진적이어서, 모든 노인에게 먹고살 만한 소득을 보장하는 사회복지 제도의 근본 취지와는 맞지 않았다.

그리고 모든 성과에는 대가가 있었다. 루스벨트는 개혁의 대가로 노조의 표를 얻었다. 노동운동을 대변하는 정당을 건설하려는 시도는 억압당했고, 루스벨트는 노조가 민주당을 확실히 지지하게 하는 데 성공했다(이 부적절한 지지는 오늘날까지 계속되고 있다). 민주당은 1960년대 사회 격변기에도 비슷한 구실을 했다. 당시 대통령 존 F 케네디와 린든 존슨은 오늘날 인종차별 반대자라는 매우 과분한 평판을 얻고 있다. 그들이 결국은 일부 공민권 개혁을 지지했다는 이유로 말이다. 그러나 그들은 어쩔 수 없어서 그렇게 했을 뿐이다.

흑인 투표 덕분에 당선했으면서도 케네디는 미국 남부에서 성장하고 있던 공민권운동을 애써 무시하려 했다. 존 F 케네디와 법무장관이던 그의 동생 로버트 케네디는 마틴 루서 킹 주니어 같은 운동 지도자들을 개인적으로 만나곤 했다. 그러나 케네디 형제는 자신들의 영향력을 이용해, 남부 권력 구조에 맞서는 행동들을 억제하고 변화 염원에 찬물을 끼얹으려 했다. 존슨은 흑인 투쟁이 폭발적으로 성장한 뒤에야 공민권법(1964년)과 투표권법(1965년)을 제정했다. 이 두 법이 1960년대에 제정된 공민권 관련 법 가운데 가장 중요했다.

루스벨트와 케네디 같은 인물들은 민주당이 진보적 지지자들에게 내세울 수 있는 최상의 얼굴마담이다. 그러나 민주당은 추악한 얼굴마담도 있어야 한다. 젊은 시절 KKK 단원이었던 웨스트버지니아 주 상원의원 로버트 버드 같은 꼴통들이나, 코네티컷 주 상원의원 조 리버먼(더는 민주당원도 아니다) 같은 전쟁 찬성파들, '중도파'를 자처하지만 보수적인 민주당리더십협의회DLC로 기울어진 수많은 자들이 그런 얼굴마담이다.

'민주당리더십협의회'의 가장 유명한 인물이 전 의장 빌 클린턴이다. 조지 W 부시의 임기가 끝나 가던 2000년대 말에 많은 사람들이 클린턴 재임 기간을 장밋빛 안경을 쓰고 되돌아보는 경향이 있었다. 사람들은 루스벨트 이전까지 포함해 역사상 가장 보수적인 민주당 대통령이 실제로 저지른 일들(민주당이 선거 때 하는 말과 집권 뒤의 실천이 어떻게 다른지 보여 주는 공약 위반의 실제 사례들)을 잊은 것이다. 1996년 클린턴이 책략을 부려 재선에서 공화당 후보를 이기자, 기분이 상한 한 보수주의자는 다음과 같이 분노를 터뜨렸다. "희소식은 1996년에 우리에게 공화당 대통령이 생겼다는 것이다. 나쁜 소식은 그 대통령이 빌 클린턴이라는 것이다."

민주당의 문제는 개인들의 문제가 아니라(물론 그 개인들이 사람들을 아주 분노하게 하는 것은 사실이다) 민주당이라는 기구가 개인들을 민주당 자체의 목적에 맞게 굴복시킨다는 것이다.

2004년 [녹색당] 대통령 후보 랠프 네이더와 함께 부통령 후보로 출마한 경험 많은 사회주의자 피터 카메호는 당시 민주당 대통령 후보 존 케리가 1970년대에 의회 앞에서 전쟁 반대 연설을 한 베트남 참전 군인 중 한 명이었다는 사실을 상기시켰다. 당시 케리는 가장 급진적인 사람은 아니었지만 다수의 반전 정서를 잘 보여 주는 말을 했다. "어떻게 잘못된 일에 목숨을 바치라고 할 수 있습니까?" 이 말을 부시 정부의 이라크 침략에 대한 존 케리의 우유부단한 태도와 비교해 보라. 그의 태도는 자신이 이라크 전쟁 예산안에 반대 투표 했다가 찬성 투표로 돌아섰다고 밝힌 선거 유세에서 극명하게 드러났다.

대체 존 케리에게 무슨 일이 있었냐고 카메호는 질문할 수도 있겠다. 답은 간단하다. 민주당이라는 기구, 즉 미국 기업과 정치 권력자들의 이익을 위해 헌신하는 기구 안에서 보낸 30년 세월 이 사람을 그렇게 바꿔 놓았다는 것이다.

이 점은 단지 민주당 관료들뿐 아니라, 정치적 관점이 민주당만큼 협소한 진보적 단체들도 마찬가지다. 전국여성기구National Organization for Women 같은 단체들은 민주당의 진보적 지지 기반 일부를 대변하는 것을 자기 임무로 여긴다. 하지만 그들은 민주당과의 관계를 유지하는 데 익숙해지다 보니, 최악(공화당)이 차악(민주당)을 이기는 사태를 막기 위해 [불필요한] 타협도 받아들인다.

이 '차악' 논리는 엄청나게 해롭다. '복지 개혁'의 사례를 보라. 1990년대에 공화당이 제안한 '복지 개혁'은 사회에서 가장 취약한 계층과 극빈층을 지원하던 복지 제도를 해체하면서 이를 정당화하려고 내세운 평계였다. 집권 4년차에 빌 클린턴은 공화당의 제안을 받아들여 '복지 개혁' 법안에 서명했다.

복지 '개혁'이 특히 비열한 법안이었던 이유는 그 법의 희생자들이 스스로 목소리를 낼 수 없는 사람들이었기 때문이다. 그러나 이에 반대하는 대응을 조직할 수 있었던 진보적 단체들은 1996년 선거에서 클린턴을 지지하는 것이 더 중요하다고 주장했다. 최악, 즉 공화당의 승리는 막아야 한다는 것이었다. 뉴욕 주 하원의원 게리 애커먼은 "이것은 나쁜 법이지만 좋은 전략이다"

하고 말하면서, 자신이 그동안 반대하던 복지 개혁법에 찬성표를 던진 이유를 설명했다. "경제적·사회적 진보를 계속하려면, 클린턴 대통령이 연임해야 한다. … 진보와 전진을 위해서는 때때로 나쁜 일도 참아야 하고 심지어 할 줄도 알아야 한다."

"나쁜 일도 참고 해라." 이것이 바로 '차악론', 즉 정의와 평화를 신봉하는 사람들은 눈 딱 감고 민주당(차악이라도 어쨌든 악이므로 정의도 평화도 신봉하지 않는)에 투표해야 한다는 생각을 받아들인 결과다.

공화당과 그들의 추악한 말을 혐오하는 사람들이 어떤 대가를 치러서라도 우파를 저지하고자 하는 심정은 분명히 이해할 수 있다. 민주당을 지지해야 하는 이유는 민주당이 뭔가를 이룰 수 있다고 생각해서가 아니라 더 나쁜 일이 일어나는 것을 막을 수 있다는 기대 때문이라는 것은 상식인 듯하다. 그러나 현실에서는, 이것이야말로 '최악'의 사태가 발생하는 것을 막지 못하는 잘못된 방법이다. 사람들은 공화당이 발의한, 희생자를 비난하는 잔인한 법안들이 싫어서 클린턴에게 투표했지만 민주당 대통령은 공화당과 똑같은 조처를 취했다. 사람들은 조지 W 부시가 세계 곳곳에서 벌이는 전쟁에 신물 나서 버락 오바마에게 투표했지만, 똑같은 전쟁 정책을 더 조리 있게 설명하는 말만 듣게 됐을 뿐이다.

오바마의 민주당이 세라 페일린의 공화당과 다르지 않다는 것은 편견일 뿐이라고 생각한다면 다음과 같은 사실을 명심해야 한다. 물론 둘은 다르지만, 오늘날 민주당과 공화당 사이의 거리는 지난 30년간 두 정당이 함께 우경화해 온 거리보다는 훨씬 짧다.

버락 오바마와 빌 클린턴이 조지 W 부시나 로널드 레이건보다 나아 보인다면, 잊지 말아야 할 사실이 있다. 이 두 민주당 대통령이 많은 전임 대통령들(공화당 출신도 포함해서)보다 확실히 더 보수적이라는 것이다. 즉, 빌 클린턴보다 공화당 대통령 리처드 닉슨의 정책이 인종차별과 여성차별 등의 문제에서 더 진보적이었다. 닉슨이 더 진보적이어서가 아니었다. 오히려 닉슨은 악질적인 우파였다. 그러나 닉슨은 1960대와 1970년대 초에 일어난 대중적 사회운동의 압력을 받았다. 클린턴과 오바마는 모두 이런 압력을 받지 않았다.

2001년 조지 W 부시가 집권한 직후, 역사가 하워드 진은 〈소셜리스트 워커〉와 한 인터뷰에서 다음과 같이 말했다. "사람들이 배워야 하는 가장 중요한 사실은 백악관에 누가 앉아 있느냐가 아니라 거리와 식당과 관공서와 공장에 누가 앉아 있느냐가' 결정적으로 중요하다는 것이다. 저항하고, 사무실을 점거하고, 시위하는 것, 바로 이것이 무슨 일이 일어날지를 결정한다."

---

* '앉아 있다'의 영어 단어 sit in에 '연좌 농성을 하다'의 뜻도 있다는 것을 이용한 재치 있는 표현.

체제를 고쳐 쓸 수 있나?

대체로 정치인들은 평판이 아주 형편없다. 어느 당에 있든지
그렇다. 직업별 신뢰도를 묻는 여론조사 결과를 보면, 정치인들
은 보통 중고차 딜러들과 최하위 다툼을 벌인다. 그러나 대다수
사람들은 미국 정치체제의 제도나 적어도 그 체제의 설립 이념과
전통은 더 존중한다. 사실 세상이 뭔가 잘못됐다고 급진적 비판
을 하는 사람들은, 지금의 부패하고 이기적인 정치인들을 쓸어버
리고 국민을 위한 그런 전통을 되살리는 투쟁에 희망을 건다.

사기꾼과 협잡꾼을 제거하는 것은 항상 옳은 일이다. 그러나
"세계에서 가장 위대한 민주주의" 국가의 문제는, 최상층에 있는
개인들의 문제로 그치지 않는다. 체제 자체가 온갖 방식으로 조
작돼서 "국민의, 국민에 의한, 국민을 위한 정부"와는 정반대를 만
들어 낸다.

어떻게 조작되는가? 한 가지 예를 들면, 2000년 대선 이후로
는, 투표 결과에 따라 워싱턴의 권력자가 바뀐다고 말하기가 어
려워졌다. 당시 조지 W 부시는 일반 국민 투표에서 50만 표 차이
로 패배했다. 하지만 그는 백악관을 차지했다. 민주주의를 제한하
고 노예주들의 이익을 보호하려고 고안된 18세기 유물인 선거인
단 투표에서 승리했기 때문이다. 그리고 이런 일은 오로지 선출
되지 않은 대법원 판사들이 플로리다 주의 투표 결과를 일일이

재검표하지 않아도 된다고 5 대 4 다수결로 결정한 덕분에 가능했다. 즉, 후보의 아버지와 친구들이 임명한 판사들이 그 후보에게 승리를 안겨 준 것이다.

플로리다에서 벌어진 사기극 덕분에 미국 민주주의의 더러운 비밀이 일부 드러났다. 예컨대, 투표권이 노골적으로 부정됐다. 먼저, 530만 명, 즉 성인 39명당 1명꼴로 투표권을 잃었는데, 일부는 중죄 때문에 투표권을 영원히 잃었다. 다른 사람들은 미국 밖에서 태어났다는 이유로 선거권이 박탈됐다. 2000년 인구조사 결과를 보면, 미국에 거주하는 사람 가운데 3000만~4000만 명은 외국 태생이고, 그중 2000만 명 이상은 합법적으로 거주하지만 시민권자가 아니라서 극소수 지역을 제외한 곳에서는 투표권이 없다.

그리고 이것은 미국 '민주주의'의 형식적 한계만 본 것이다. 미국에서 실시되는 투표와 선거 방식은 심지어 자격 있는 사람들조차 투표소에 가기 싫게 하려고 고안된 것 같다. 투표일까지 몇 달 동안 견뎌야 하는 지루한 선거운동은 말할 것도 없고, 복잡한 선거인 등록 규정과 선거 당일에 벌어지는 끊임없는 실수들이 바로 그것이다. 2008년 대선은 40년 만에 투표율이 가장 높았다. 오바마 선거운동이 그만큼 열정을 불러일으켰던 것이다. 그런데도 투표율은 겨우 56.8퍼센트였다. 즉, 투표할 수 있거나 해야 했던 사람들 5명 중 2명 이상이 투표를 하지 않은 것이다.

신화를 걷어 내고 보면, 미국에서 선거는 진정한 대안들을 선택하는 절차가 아니라, 기존 정치권력 구조를 영속시키는 공허한 의식처럼 보인다. 1982~2004년에 실시된 하원의원 선거에서 95퍼센트 이상의 현역 의원이 재선에 성공했다. 옛 소련 스탈린 독재의 절정기에 있었던 엉터리 선거 결과와 엇비슷한 비율이다.

20세기 초에 대통령 우드로 윌슨은 미국 정치체제에서 무슨 일이 일어나는지를 더 정확히 묘사했다.

당신이 워싱턴에 가서 정부 관리를 만났다고 치자. 당신 이야기를 공손히 듣고 있는 그 관리가 실제로 받아들이는 조언은 금융계·제조업계·상업계 거물들의 말이라는 사실을 깨닫게 될 것이다. … 미국 정부의 주인은 미국 자본가와 제조업자 전체다.

거의 100년이 지났지만 이 말은 다른 어떤 말보다 사실이다. 미국 재계가 워싱턴 정치에 영향을 미치는 방식은 결코 모호하지 않다. 의료업계는 이윤을 위협할 수 있는 개혁 조처는 폐기하고 이익을 가져다줄 조처는 입법화하는 데 어마어마한 돈을 썼다.

많은 돈이 맥스 보커스 같은 주요 의원들의 선거운동 자금으로 갔다. 민주당 상원의원인 보커스는 의료 '개혁' 법안을 공동 발의했다. 그러나 어찌 보면, 선거 자금 후원은 워싱턴에 미치는 영향력이 거래되는 진정한 시장, 즉 기업 로비 활동에 견주면 부차적이다. 선거 감시 단체 커먼코즈Common Cause의 자료를 보면, 의료 산업의 주요 기업들은 2009년에 로비 자금으로 하루 평균 140만 달러, 연간 총 5억 달러 이상을 사용했다.

워싱턴 정가에는 돈이 흘러넘친다. 그렇다고 해서 의원들이 워싱턴에 오기 전에는, 돈과 거리가 멀었던 것도 아니다. 책임정치센터Center for Responsive Politics가 해마다 상하원 의원들이 공개하는 재산 내역을 분석한 자료를 보면, 2009년에 의원들의 거의 절반, 즉 535명 가운데 237명이 백만장자였다. 상원의원들의 재산 순위에서 중간값은 180만 달러였고, 하원의원은 62만 2254달러였다.

이렇게 많은 의원들이 부자인 이유가 있다. 재산이 많으면 당선하는 데 드는 많은 비용을 충당할 수 있다. 이미 20년 전에도 하원의원 당선에 필요한 평균 비용이 40만 달러가 넘었고, 2008년에는 세 곱절 이상으로 뛰어 140만 달러가 됐다. 2008년 하원 선거 낙선자들의 평균 지출액도 거의 50만 달러였는데, 이것은 20년 전 당선자 지출액보다 거의 10만 달러 많은 액수다.

따라서 워싱턴에 있는 의원들은 평범한 사람들의 대변자가 아니다. 기업의 선거 자금 후원이나 막대한 로비가 없더라도, 의원들은 흔히 은행장이나 기업주와 세계관이 비슷하다. 왜냐하면 그들 다수가 같은 계급에 속하기 때문이다.

부분적으로는 이런 사실들 때문에 사회주의자들은 괜찮은 정치인을 선출하는 데 희망을 걸지 않는다. 심지어 선거에서 지지하고 투표할 만한, 정말로 독립적인 좌파 후보(랠프 네이더처럼)가 있을 때조차 투표는 정치 활동에서 가장 중요한 것이 아니다.

사람들은 흔히 정부를 중립적인 사회 세력으로 본다. 즉, 공명정대한 법을 만들어 만인이 법 앞에 평등하게 해 주는 존재라고 생각한다. 그러나 자본주의 사회에서 정부는 전혀 공명정대하지 않다. 결국 정부는 지배계급의 이익에 맞게 행동한다.

한 가지 이유는 기업 엘리트들이 주류 정당들에 돈을 대는 합법적 뇌물 시스템을 지배하기 때문이다. 그러나 이 문제에는 그 이상의 것이 있다. 정부는 선출된 대표들로만 구성되지 않는다. 선출되지 않은 관료들이 사람들의 삶에 영향을 미치는 중대한 결정을 내린다. 사법부도 마찬가지다. 대법원장 이하 연방법원 판사들은 아무도 선거로 뽑히지 않는다. 그리고 이 모든 것들 뒤에는 엥겔스가 "무장 집단"이라고 부른 경찰과 군대가 있다. 형식적으로는 국방부도 선출된 정치인들의 견제와 감시를 받지만, 사실은 국방부 자체가 하나의 권력이다.

이 때문에, 심지어 "세상을 바꾸기" 바라는 사람들조차 선거에서 당선해서 집권하면 권력이라는 지렛대를 이용해 체제를 바꾸기보다는 오히려 권력이라는 지렛대에 끌려다니는 것이다. 기껏해야, 원래 바꾸려고 했던 체제를 관리하는 데 그치고 만다.

한번 공상에 빠져 보자. 버락 오바마가 자신에게 투표한 다수가 지지하는 정책들을 실시하려고 싸울 태세를 갖추고 백악관에 입성했다고 치자. 오바마가 강력하고 새로운 규제 조처들로 은행가들을 압박하고, 의료보험 제도에 대한 정부의 개입을 강화하고, 사기업의 횡포를 막고, 최대한 빨리 이라크 주둔 미군을 모두 철수시키려 한다고 상상해 보자.

무슨 일이 일어날까? 공식 업무를 시작한 지 몇 분도 안 돼서, 재무장관과 중앙은행인 연방준비제도이사회의 의장이 오바마를 방문할 것이다. 그들은 월가와 미국 재계가 오바마의 정책을 원하지 않고 만약 그 정책을 고수한다면 행동에 나설 것이라고, 예를 들어 돈을 해외로 빼돌려 세금 징수를 방해하거나 금융시장을 혼란에 빠뜨릴 것이라고 말할 것이다. 국방부의 합참의장도 비슷한 메시지를, 즉 백악관이 태도를 '완화'하지 않으면 협조하지 않겠다는 의사를 전할 것이다.

세계에서 가장 큰 권력을 가진 미국 대통령조차 혼자서는 정치적 변화를 도모하지 못한다. 그런 변화가 지배 엘리트의 이익을 심각하게 위협한다면 말이다. 은행, 기업, 국방부, 정치권력자들이 마음대로 휘두를 수 있는 무기가 정부 안팎에 너무 많아서, 아무리 결연한 정치인이라도 당해낼 수 없다.

그리고 명심해야 할 사실은 이런 공상 속의 오바마조차 별로 급진적이지 않다는 것이다. 만일 오바마 대신 필자나 동료 사회주의자들이 어찌어찌해서 마술처럼 대통령 집무실(다른 자리도 마찬가지다)에 앉게 된다면, 지배계급의 저항은 훨씬 더 강력할 것이다. 정부가 대표하는 것과 정책 결정 과정이 더 근본적으로 변하지 않으면, 심지어 사회주의자 대통령이라도 할 수 있는 일이 제한적일 것이다.

체제 내 활동으로 상당한 성과를 거두려는 사람들은 십중팔구 이런 문제에 직면한다. 미국이든 다른 나라든, 정치체제는 우리 목적에 맞게 마음대로 방향을 바꿀 수 있는 중립적인 자동차 같은 것이 아니다. 지배계급의 지배를 보호하기 위해 고안된 제도 안에서 지배계급의 이익과 우선순위에 제대로 도전하려는 사람에게는 불리한 점이 너무도 많다.

그리고 체제 내에서 변화를 추구하는 사람들이 받는 영향도 생각해 보라. 아무리 의도가 좋고 헌신성이 투철하더라도, 저항에 부딪혔을 때 '현실적' 대응은 타협하고 양보하는 것이다. 즉, 쌍방이 모두 받아들일 만한 합의를 도출하려 애쓰는 것이다. 그러나 이런 방식을 우선시하게 되면, 정치는 뭔가를 성취하기 위한 운동이 아니라 양보의 기예로 바뀌게 된다. 그리고 그것이 체제 내 변화를 도모하는 사람들의 계획과 전망을 좌우한다.

따라서 자본주의 사회에서 선출된 대표들은 정부의 극히 일부일 뿐이다. 그리고 역사를 보면, 그들이 얼마든지 버려질 수 있는 일부일 뿐이라는 사실이 입증된 비극적 사례들도 많다. 지배계급의 일부가 민주주의를 내팽개치고 무력으로 지배하기로 결정했을 때 그랬다. 가장 악명 높은 사례는 칠레다. 사회주의자 살바도르 아옌데가 경제의 일부 국유화를 포함하는 온건한 개혁 강령으로 1970년 대통령에 당선했다. 많은 사람들은 이제 선거로 집권해서 사회주의를 실현할 수 있게 됐다고 생각했다. 하지만 그다음 3년 동안, 칠레의 기업주들(과 그들의 국제적 협력자들, 특히 미국에 있는 자들)은 모든 수단을 동원해 아옌데를 방해했다. 당시 미국 국무장관 헨리 키신저는 "한 나라가 무책임한 국민들 때문에 공산화하는 것을 우리가 지켜보고만 있어야 하는 이유를 모르겠다"고 말했다. 아옌데는 양보했지만 그들은 만족하지 않았다. 때가 되자, 칠레 장군들이 움직이기 시작했다. 그들은 쿠데타를 일으켜, 아옌데를 포함해 노동자 수만 명을 학살했다.

지배자들은 민주적 외양을 갖춘 정치체제를 선호하지만, 그 체제에서 어떤 정책이 어떻게 결정될지는 자신들이 좌우하고 싶어 한다. 어떤 세력이 떠올라 이 규칙을 위협하면, 그들은 기꺼이 민주주의를 내버리고 노골적인 폭력으로 지배한다.

자본주의 정치체제에 관한 이런 사실들을 종합해 보면, 왜 사회주의자들이 자본주의 체제는 개혁될 수 없다고, 즉 현상 유지를 위해 고안된 정치 구조를 이용해서 자본주의 사회를 근본적으로 바꿀 수는 없다고 결론 내리는지를 알 수 있다.

선의의 정치인들을 당선시켜 그들이 실현 가능한 변화를 이루게 하는 것이 아니라 체제 전체를 전복하고 새로운 체제를 건설하는 사회적 투쟁이 우리의 목표다. 그것이 바로 혁명이다. 즉, 우리 삶에 중대한 영향을 미치는 결정을 멋대로 내리는 상류층 사람들에게서 권력을 빼앗고, 현 체제를 그대로 유지하기 위해 조직된 국가 기구를 제거하고, 완전히 새롭고 민주적인 사회체제를 건설하는 것이다.

그렇다고 해서 사회주의자가 개혁에 무관심하다는 뜻은 아니다. 우리는 현 체제 내에서 개혁을 쟁취하려고 노력하면서 대부분의 시간을 보낸다. 이런 개혁은 노동자들의 삶을 약간 개선해 주고, 그들의 힘을 실제로 강화한다. 그리고 사람들이 투쟁하면 더 많은 변화를 쟁취할 수 있겠다는 자신감을 갖게 해 준다. 혁명가 로자 룩셈부르크는 다음과 같이 썼다.

우리의 최종 목표인 현 사회질서의 완전한 전환, 즉 사회 혁명을 사회 개혁과 대립시킬 수 있을까? 물론 아니다. 개혁, 현 사회질서 내의 노동자 처지 개선, 민주적 제도를 위한 일상적 투쟁은 [사회주의자들이 — 마스] 프롤레타리아 계급 전쟁에 참여해서 [그것이] 정치권력 장악과 임금노동 철폐라는 최종 목표를 향해 나아가도록 이끌 수 있는 유일한 수단이다. 사회 개혁과 사회 혁명 사이에는 떼려야 뗄 수 없는 연관이 존재한다. 개혁을 위한 투쟁은 사회민주주의의 수단이고 사회 혁명은 목표다.

사회주의자들은 개혁을 위해 싸운다. 그러나 개혁 자체로는 충분하지 않다. 운동이 후퇴하면 그 개혁도 되돌려질 수 있기 때문이다. 혁명이 필요한 이유는 다른 방법으로는 자본주의 사회를 근본적·영속적으로 바꿀 수 없기 때문이다.

06

"투쟁 없이 진보 없다"

사회주의자들이 사회를 바꾸기 위해 혁명이 필요하다고 말하면, 비현실적이고 공상적이라는 비난을 받는다. 우리는 정말로 미국에서 혁명이 일어나리라고 생각하는가?

사실 '미국에서 혁명이 일어날 수 있느냐 없느냐'는 문제가 아니다. 혁명이 한 번 더 일어날 수 있느냐 없느냐가 문제다. 미국에서는 이미 두 번이나 혁명이 일어났다. 첫 번째 혁명은 1776년 영국 왕조의 식민지 지배를 전복하고 새로운 국가를 건설했다. 새로운 국가는 대의제 정부와 당시까지 가장 발전한 민주주의 체제로 조직됐다. 그러나 커다란 결함도 있었다. 노예제라는 범죄가 그대로 남아 있었고, 자산을 소유한 소수의 남성들만 투표권이 있었던 것이다.

첫 번째 혁명이 남겨 놓은 모순 때문에, 90년이 지나 두 번째 사회혁명(남부의 노예제를 파괴한 1861~65년의 남북전쟁)이 일어났다. 오늘날 '노예해방'의 공은 보통 에이브러햄 링컨과 몇몇 장군들에게 돌아간다. 그러나 대중의 적극적 참여가 없었다면 북부는 노예제에 맞선 전쟁에서 승리하지 못했을 것이다. 북부 노예제 폐지 운동의 선동가들만큼이나 흑인 노예들 자신이 중요한 구실을 했다. 또한 북군 병사들도 변혁에서 핵심적이었다. 그중 상당수는 전쟁 목적을 분명히 이해하지 못한 채 싸움을 시작했지만 시간이 지나면서 노예제 폐지의 필요성을 확신하게 됐다.

이 혁명들은 사회주의 혁명이 아니었다. 1776년 독립전쟁과 [1860년대의] 남북전쟁은 식민 지배와 노예제에 맞선 혁명이었고, 자본주의라는 경제구조는 건드리지 않았다. 그러나 이 투쟁들이 미국 사회를 변화시켰다는 데 이의를 제기하는 사람은 없을 것이다. 그리고 이 투쟁들은 미국이 언제나 안정되고 정치적으로 온건했다는 이미지가 틀렸음을 입증한다.

혁명이라고 부를 수는 없지만 분명히 미국을 뿌리째 뒤흔든 항쟁들도 있었다. 1880년대의 8시간 노동제 투쟁, 미국 노동자 5분의 1이 파업을 벌인 1919년의 "위대한 붉은 1년," 1930년대 노동권 투쟁, 그리고 1960년대의 항쟁, 즉 남부의 공민권운동으로 시작해서 베트남 전쟁과 여성·동성애자 억압 등 미국 사회의 거의 모든 것을 문제 삼은 투쟁들로 마감한 항쟁의 시대가 있었다.

과거를 이런 식으로, 즉 사회적 갈등과 정치투쟁의 역사로 보는 것은 학교 역사 수업 시간에 배우는 것과 다르다. 우선, 역사를 가르치는 일반적 방식, 즉 유명한 사람들의 이름과 그들이 중요한 일을 한 날짜를 외우게 하는 것은 본말이 전도된 방식이다. 역사의 흐름은 소수 '위인들'의 생각과 행동에 딜러 있는 것이 아니라 대다수 민중이 어떻게 행동하느냐에 달려 있다. 특히 그들이 스스로 조직화하는 반란과 혁명의 시기에 어떻게 행동하느냐에 달려 있다. 토머스 제퍼슨이나 링컨이 중요하지 않다는 말이 아니다. 그러나 그들의 업적과 오늘날 사람들이 기억하는 그들의 모습은, 사람들이 전혀 기억하지 않는 인민 대중의 행동에 의해 형성됐다. 링컨 자신이 편지에 다음과 같이 썼다. "내가 사태를 통제했다고 말하지 않겠다. 사태가 나를 통제했다는 사실을 분명히 밝혀 둔다."

사회주의자 베르톨트 브레히트는 "독서하는 노동자의 질문"이라는 시에서 이 점을 분명하게 표현했다.

일곱 개의 성문이 있는 테베는 누가 건설했을까?
책에는 왕들의 이름이 나오네.
왕들이 바위 덩어리를 끌어다 날랐을까?

그리고 몇 번이고 파괴된 바빌론.

누가 바빌론을 몇 번이고 재건했을까?

황금으로 번쩍이는 리마에서 건설 노동자들은 어느 집에 살았을까?

만리장성이 완성되던 날 밤에 석공들은 어디로 사라졌을까? …

청년 알렉산더는 인도를 정복했다네.

알렉산더 혼자서 했을까?

카이사르는 갈리아인들을 쳐부쉈다네.

그의 옆에는 요리사도 없었을까?

스페인 국왕 펠리페는 무적함대가 침몰하자 눈물을 흘렸다네.

눈물을 흘린 사람은 펠리페 혼자였을까?

프리드리히 2세는 7년전쟁에서 이겼다네.

그 말고 다른 승리자는 없었을까?

책장마다 나오는 승리 이야기.

누가 승리자들의 연회를 위해 요리를 했을까?

10년마다 등장하는 위인들.

누가 그들을 위해 대가를 치렀을까?

사회주의적 역사관은 사뭇 다르다. 학교에서는 정치적·사회적 변화가 (일어나더라도) 평화롭고 점진적으로 일어난다고 가르친다. 불의에 대한 반감을 조직적으로 표현하려 하면, 어김없이 조급하게 굴지 말라는 말을 듣는다. 즉, 체제가 작동해서 문제가 해결될 테니 참고 기다리라는 것이다.

그러나 정의와 평등을 위한 투쟁의 역사 전체를 돌아보면, 결코 그렇지 않았다. 예를 들어, 19세기 전반기에 미국 남부와 북부의 정치인들은 거의 모두 남부 노예제를 가만 놔두더라도 결국은 사라질 것이라고 믿었다. 그들은 틀렸다. 면화 생산이 세계경제에서 차지하는 중요성 때문에 노예제는 점점 더 강력해졌다. 이 참상을 끝내는 데는 남북전쟁이 필요했다.

미국 역사에서 벌어진 운동들을 보자. 공민권운동, 여성참정권운동, 8시간 노동제 운동, 반전운동 등 모든 운동은 너무 조급하게 굴지 말고 온건하게 행동하라는 요구에 직면했다. 마틴 루서 킹은 "버밍햄 감옥에서 보낸 편지"에 다음과 같이 썼다. "오랫동안 나는 '기다려!'라는 말을 들었습니다. 모든 흑인은 이 말을 귀가 따갑게 들었을 것입니다. 이 '기다려'라는 말은 거의 언제나 '결코 안 된다'는 뜻으로 쓰였습니다. 우리는 '정의를 너무 오래 지연시키는 것은 정의를 거부하는 것과 마찬가지'라는 저명한 법조인의 말을 기억해야 합니다." '기다리지' 않기로 작정한 활동가들의 결단력이 공민권운동이 승리한 비결이다.

미국은 가장 안정된 나라라고들 한다. 그러나 혁명과 사회적 격변은 거듭거듭 역사적 의제로 떠올랐고, 심지어 잦아들거나 퇴조할 때도 정치적 유산을 남겼다. 오늘날 노동자들이 당연시하는 개혁들은 대부분 그런 격변의 결과다. 예를 들어, 고용보험은 1930년대 루스벨트의 뉴딜 정책의 일부로 도입됐다. 루스벨트는 이 제도를 고안하지도 않았고, 처음에는 확실히 수용하지도 않았다. 그는 대공황이라는 위기와 거대한 사회적 압력에 떠밀려 이 제도를 도입할 수밖에 없었다. 루스벨트는 결국 역사책에서 좋은 평판을 얻게 됐지만, 그렇다고 해서 그가 어쩔 수 없이 그렇게 행동했다는 사실이 바뀌지는 않는다.

투쟁이 핵심이다. 위대한 노예제 폐지론자 프레더릭 더글러스는 이 점을 다음과 같은 말로 분명하게 표현했다.

인간의 자유가 확장된 역사 전체를 통틀어 지금까지 이뤄진 양보는 모두 진실한 투쟁의 결과였다. … 투쟁 없이는 진보도 없다. 자유를 지지한다고 공언하면서도 선동을 반대하는 사람은 땅을 일구지도 않고 곡식을 얻으려는 사람과 마찬가지고 천둥과 번개도 없이 비가 내리기를 원하는 사람과 마찬가지다. 그들은 사납고 무서운 파도 소리가 없는 바다를 바라는 셈이다. 투쟁은 도덕적인 것일 수도 있고, 물리적인 것일 수도 있고, 둘 다일 수도 있다. 그러나 투쟁은 투쟁다워야 한다. 권력은 우리가 요구하지 않으면 아무것도 양보하지 않는다. 전에도 그랬고, 앞으로도 그럴 것이다.

저들이 쌓아 둔 금보다 더 거대한 힘

수천 년, 적어도 수백 년 동안, 사회는 대부분 착취하는 사람과 착취당하는 사람으로 나뉘어 있었다. 즉, 이기적으로 사회를 운영하는 지배계급과, 지배계급보다 훨씬 더 수가 많은 피착취계급으로 말이다(피착취계급의 노동이 지배자들의 부와 권력의 근원이다). 모든 체제에서 가장 커다란 분쟁은 누가, 누구를, 어떻게 지배할 것인지를 두고 이 양대 계급 사이에서 일어났다. 《공산당 선언》에서 마르크스와 엥겔스가 썼듯이, "지금까지 존재한 모든 사회의 역사는 계급투쟁의 역사다. 자유민과 노예, 귀족과 평민, 지주와 농노, 장인과 직인, 한마디로 억압자와 피억압자는 서로 대립하면서 때로는 은밀하게, 때로는 공공연하게 끊임없이 투쟁했다."

이 모든 사회에서 피억압자들은 평등하고 정의롭고 억압이 없는 세상을 꿈꿨다. 그리고 그런 세상을 위해 투쟁했다. 로마제국에 맞서 스파르타쿠스가 이끈 노예 반란부터 유럽의 농민 봉기까지 그랬다.

이처럼 사회주의라는 이상은 새로운 것이 아니다. 그러나 사회주의를 성취하는 것은 몇 세기 전에야 가능해졌다. 그리고 세계 대부분의 지역에서는 겨우 100년 전에야 가능해졌다. 왜 그런가? 사회주의는 빈곤한 상황에서는 가능하지 않기 때문이다. 물자가 풍부하지 않으면 누가 무엇을 가질지를 두고 다툼이 일어날 수밖에 없고 이런 다툼 때문에 계급사회가 생겨난다. 계급사회에서는 한 무리의 사람들이 자신들만 풍요를 누리고 다른 사람들은 빈곤에 허덕이든 말든 신경 쓰지 않는 체제가 구축된다. 자본주의 이전 사회들에서 이뤄진 진보가 무엇이었든 간에 그 사회들은 물자 부족을 끝낼 만큼 충분히 생산하지 못했다. 오직 자본주의가 돼서야 인간의 지식과 기술은 지구상의 모든 인간에게 의식주 등을 충분히 제공할 수 있을 만큼 발전했다.

자본주의에서는 빈곤이 존재해야 할 자연적 이유가 전혀 없다. 그러나 빈곤을 없애려면 빈곤을 만들어 내는 체제 자체를 제거해야 한다. 그러려면 그 체제를 무너뜨릴 수 있는 사회 세력이 필요하다. 마르크스와 엥겔스는 자본주의가 성장하는 과정에서 "자본주의의 무덤을 파는 사람들," 즉 노동계급이 창출됐다고 주장했다. 노동계급은 체제를 전복하고, 지배자와 피지배자로 나뉘지 않는 새로운 사회를 건설할 능력이 있다.

마르크스와 엥겔스는 왜 노동계급을 강조했는가? 노동자들이 자본주의에서 가장 고통받기 때문은 아니다. 사회주의자들은 노동자들이 자본주의 경제에서 차지하는 지위에 주목한다. 노동자들의 노동은 체제가 굴러가는 데 필요한 이윤을 생산한다. 그래서 전체로서 노동계급은, 그들이 사회의 다수라는 점 말고도, 체제 전체를 마비시킬 수 있다는 점에서 다른 사회 세력에게는 없는 특별한 힘이 있다. 즉, 노동계급은 일손을 놓아 이윤 체제를 멈추게 할 수 있다.

프랑스 노동자들은 최근 수십 년 동안 이 힘을 여러 번 보여 줬다. 예를 들어, 2006년에는 학생들이 우파 정부가 발의한 신노동법에 맞서 싸움을 시작했다. 이 법률은 26세 이하 신규 채용 노동자들이 수습 기간을 2년 거쳐야 하고 그 기간 중에는 예고 없이 해고할 수 있게 했다. 프랑스 주요 노조 연맹들의 호소로 하루 총파업이 벌어질 때마다 프랑스 전체가 마비됐다. 학교, 대중교통, 관공서가 멈추고 여러 산업과 서비스가 문을 닫았다. 4월 하루 총파업 때 전국에서 300만 명이 거리에 나와 시위를 벌이자 정부가 물러섰고 법률이 폐지됐다.

노동문제와 직접 관련 없는 투쟁들도 그 투쟁에 노동자들이 고유의 힘을 발휘하며 참가하면 파괴력이 더 커질 수 있다. 아파르트헤이트 시절 남아프리카공화국에서 그랬다. 1980년대에 성장한 흑인 노동자 투쟁은 그 전의 어떤 투쟁들보다 더 격렬하게 체제를 뒤흔들었고 결국 인종차별 정권을 끝장냈다.

노동자들이 경제 전 부문에서 벌이는 총파업은 나라 전체를 마비시키고 정부를 무릎 꿇릴 수 있다. 1980년 폴란드 연대노조의 항쟁 때 그런 일이 일어났다. 격변은 그단스크 조선소 노동자들의 파업으로 시작했지만, 곧 전국에서 노동자 1000만 명이 동참하는 파업으로 확대됐다. 몇 주 만에 민주적으로 조직된 노동자위원회들이 우후죽순 등장해 파업을 이끌었고 필수 서비스를 어떻게 제공할지도 결정했다. 이른바 사회주의 정부(실제로는 억압적 독재 정권)는 1년 이상 질서를 복원하지 못할 만큼 힘이 없었다. 이 파업 전에는, 폴란드 노동자들은 막강해 보이는 경찰국가를 뒤흔들 수 있다고 생각해 본 적이 없었다. 그러나 이제 노동자들은 체제의 생명선을 끊었다. 즉, 노동자들의 노동으로 부富를 창출하는 과정이 중단된 것이다.

계급을 바탕으로 조직되는 투쟁은 사회 전체의 노동하는 다수를 단결시킬 수 있다. 그래서 못 가진 자들이 모두 함께 싸우도록 할 수 있다(공통의 요구들뿐 아니라 피억압 집단의 특수한 요구들을 위해서도 싸울 수 있다). 그러나 노동자들은 단결할 때만 그런 힘을 갖게 된다. 마르크스는 미국 노예제에 관해 다음과 같이 썼다. "흑인에게 낙인을 찍는 곳에서는 백인 노동자들이 해방될 수 없다."

마르크스주의를 비판하는 가장 흔한 주장 하나는 마르크스주의가 강조하는 계급의 중요성과 규모가 자본주의의 노화에 따라 축소된다는 것이다. 이들의 주장인즉 선진국에서 전체 노동인구 중 블루칼라 공업 노동계급의 비중이 감소했다는 것이다. 그러나 국제적으로 보면, 공업 노동계급의 규모는 그 어느 때보다 크다. 그리고 선진국에서도 공업 노동계급은 여전히 경제의 중요한 일부다.

그렇지만 더욱 중요한 점은, 마르크스주의자들은 공업 노동자만 중요시한다는 생각이 편견이라는 점이다. 이런 생각은 '프롤레타리아'(노동계급을 가리키는 마르크스의 용어)를 공장에서 일하는 남성 육체 노동자로만 여긴다. 그러나 마르크스는 직종이 아니라 사회에서 차지하는 지위에 따라 노동계급을 정의했다. "일자리가 있어야만 살 수 있고, 자신의 노동으로 자본을 증식시킬 수 있어야만 일자리를 얻을 수 있는 사람들이 바로 노동계급"이다. 다시 말해, 노동계급은 임금을 받고 자기 노동력을 팔아야만 먹고살 수 있는 사람들이다. 이 규정은 블루칼라 공장 노동자뿐 아니라 사무직과 서비스직 종사자에게도 적용된다.

그래서 마르크스주의자들이 말하는 노동계급은 협소한 블루칼라 직업군의 소수가 아니라 사회의 압도 다수 사람들을 지칭한다. 미국 같은 나라에서는 인구의 약 75퍼센트가 노동계급이다.

미국 노동운동의 변화를 보면, 현대 노동계급의 다양성을 느낄수 있다. 경제정책연구센터의 계산으로는 2008년에 여성이 노조가입 노동자의 45퍼센트 이상을 차지했는데, 이는 25년 전의 35퍼센트보다 높아진 수치다. 라틴계는 가장 빠르게 증가하는 인종집단인데, 지난 25년 동안 노조에서 라틴계 대표자 수는 갑절이됐다. 또, 노동조합원 10명 중 1명만이 제조업에 종사한다.

오늘날 세계의 거의 모든 나라에는 대규모 노동계급이 있고,

최근 수십 년간의 투쟁을 보면 가난한 나라들에서 노동계급이 강력한 사회 세력으로 등장했음을 알 수 있다. 예를 들어, 노동계급 운동이 공장에서 노동자 통제를 위해 투쟁하고 있는 현실을 빼놓은 채 차베스의 베네수엘라에 대해 얘기할 수는 없다. 또, 볼리비아에서는 무장봉기에 가까운 항쟁 덕분에 에보 모랄레스가 선거에서 승리할 수 있었다. 중국에서는 자유 시장을 강력하게 추진하려는 정권의 신자유주의 전략이 거대한 파업 물결을 불러일으켰는데, 2008년에는 '집단행동'(정부가 파업, 항의 시위, 소요를 모호하게 표현하려고 만들어 낸 용어)이 12만 7000건이나 있었다.

마르크스와 엥겔스가 활동하던 19세기 중엽에 국제 노동계급은 소수였다. 아마 200만~300만 명쯤 됐을 것이고, 영국과 북서유럽 몇몇 나라와 미국 북동부 해안에 집중돼 있었다. 오늘날에는 한국 노동자만 해도 마르크스와 엥겔스 시대보다 더 많다.

세계 곳곳에서 사람들의 삶을 좌우하는 진실은 노동을 해야 먹고살 수 있다는 것이다. 그러나 이런 현실의 이면에 있는 진실은 노동자들에게 엄청난 힘이 있다는 것이다. 마르크스와 엥겔스가 《공산당 선언》에 쓴 마지막 말은 그 어느 때보다 오늘날에 잘 들어맞는다. "프롤레타리아가 잃을 것은 쇠사슬뿐이요, 얻을 것은 세계 전체다."

노동자들이 사회를 바꿀 수 있을까?

일상적 경험으로 판단하면, 다수 민중이 스스로 조직화해서 사회주의 사회를 이룰 수 있다고 확신하기 어려울 것이다. 노동자는 대부분 혁명가가 아니다. 노동자들 상당수가 2008년 선거에서 존 매케인과 세라 페일린 같은 공화당원들에게 투표했다. 워싱턴 권력자들의 친기업, 전쟁 지지 정책에 반대하는 사람들조차 대부분의 시기에는 현 상태를 정당화하는 여러 생각들을 받아들인다. 관례에 맞서 싸워서는 이길 수 없다는 상식이나, 사회 꼭대기에 있는 사람들은 어쨌든 사회를 운영하는 특별한 자격이 있다는 믿음 등을 말이다.

그 이유 중 하나는 우리가 이런 신화와 편견을 조장하는 다양한 제도들에 일상적으로 노출돼 있기 때문이다. 대중매체가 그렇다. 케이블 텔레비전 뉴스를 보라. 범죄와 폭력에 관한 엽기적 이야기나 연예인들의 시답잖은 가십거리는 넘쳐 나지만, 우리 삶에 중대한 영향을 미치는 진정한 문제들에 관한 논의는 찾아보기 어렵다. 가난한 사람들은 상투적 이미지로 묘사되고 터무니없는 누명을 뒤집어쓰기 일쑤인 반면 부자들의 부와 권력은 떠받들어진다. 심지어 예능 프로그램들도 사회적 통념을 부추기는 경향이 있다.

또, 교육제도는 명백히 학생들의 순응을 부추기도록 만들어져 있다. 사회의 지배자가 되도록 훈련받는 소수 학생을 제외하면, 학생들은 보통 학교에서 소외를 겪는다. 심지어 유치원에 들어가기 전부터 서로 경쟁하라고 배운다. 그런 교육의 근본적 목적은 학생들이 주변 현실에 도전하지 않고 현실을 받아들이도록 부추기는 것이다.

이런 권위 있는 매체와 제도가 이기적이고 비열한 생각을 적극적으로 유포하는 것을 감안하면, 자본주의 사회에서 연대 의식이 존재한다는 것 자체가 놀라운 일이다. 그러나 연대 의식은 명백히 존재한다. 이 점은 기근이나 지진 같은 사회적 재난이 발생했을 때 구호의 손길이 끊이지 않는 데서 분명히 드러난다. 그러나 심지어 일상생활에서도 평범한 사람들이 서로 협력하고 희생하지 않으면 사회는 제 기능을 하지 못한다. 예를 들어 가족이나 노동자들 사이의 협력과 희생이 없다면 사회가 제대로 돌아가겠는가.

요점은 자본주의 사회에서는 이런 기본적 배려가 약화한다는 것이다. 자본주의 체제는 탐욕과 이기심을 중심으로 조직돼 있기 때문이다. 분명히 자본주의 체제의 지배자들은 둘째가라면 서러울 만큼 탐욕스럽다. 그러나 노동자들은 좋든 싫든 극심한 생존 경쟁(자신들이 결코 통제할 수 없는)에 참여할 수밖에 없다. 기껏해야 일자리나 생활수준을 유지하기 위해서라도 서로 경쟁하고 다퉈야 한다. 날마다 우리의 생명을 위협하는 듯한 생존 투쟁 속에서 살아가야 하는 것이다.

그 결과, 사회 변화를 위해 사람들이 단결한다는 생각은 때때로 아득하고 비현실적인 듯 보인다. 무기력해진 사람들은 자신과 사회의 미래에 무관심한 것처럼 보인다.

따라서 사회주의가 자본주의의 훌륭한 대안이라고 말하는 것만으로는 부족하다. 사회주의에 도달하기 위한 투쟁에 대해서도 말해야 한다. 왜냐하면, 사람들은 투쟁 속에서 변하고 자신들의 힘을 확신하기 때문이다. 마르크스의 말처럼, "혁명은 지배계급을 타도할 다른 방법이 없기 때문만이 아니라, 지배계급을 타도하는 계급이 오로지 혁명 속에서만 케케묵은 오물을 모두 털어 내고 새로운 사회를 건설하는 데 적합해질 수 있기 때문에도 필요하다."

저항은 자본주의의 극심한 생존경쟁 속에 살면서 배운 편견들에 도전하는 첫걸음이다. 이 점은 심지어 소규모 파업에서도 볼 수 있다. 파업은 거의 항상 작업장의 구체적 문제, 예를 들어 임금과 복리 후생에 관한 요구에서 시작한다. 그러나 원래의 불만이 무엇이었든, 스스로 준법 시민이라고 여겼을 파업 노동자들이 사회가 가르친 것을 거슬러 행동한다. 또, 저항하려면 단결해야 한다. 그래서 파업 노동자들은 흔히 자신들 사이에 존재하는 분열, 즉 흑인과 백인, 남성과 여성, 토박이와 이주민 사이의 분열에 의문을 품게 된다. 파업이 진행되면서, 연대감과 다양한 문제의식이 원래의 쟁점만큼이나 중요해지기 시작한다.

이렇게 해서 엄청난 변화가 일어날 수 있다. 2008년 12월 시카고의 리퍼블릭 윈도스 앤드 도어스 노동자들은 공장이 폐쇄되고 고용계약에 보장된 퇴직금도 못 받게 되리라는 소식을 들었을 때, 말 그대로 참지 않기로 결정했다. 노동자들은 연좌 농성에 들어갔다. 이것은 1930년대 연좌 농성 파업 이래 미국에서 벌어진 최초의 공장점거 중 하나였다.

리퍼블릭 공장점거는 지역 노동운동에 활력을 불어넣었다. 날마다 도시 전역에서 노조원들이 지지 방문을 왔고 집회에서 연사들의 발언을 들었다. 전년도 메이데이 행진에 수십만 명을 조직한 이민자 권리 운동 활동가들도 다시 관계를 맺고 이 새로운 동맹 세력들과 생각을 교환했다. 다른 운동의 활동가들도 그랬다. 예를 들어, 동성 결혼 인정을 위한 행동의 날의 일환으로 쿡카운티빌딩* 밖에서 시위를 벌인 시위대 200명 중 다수가 몇 블록 떨어진 뱅크오브아메리카** 건물로 행진해 리퍼블릭 노동자들을 위한 정의를 요구했다. 몇 주 뒤 점거 투쟁이 승리하고 나서 리퍼블릭 노동자들은 성소수자 투쟁의 미래를 논의하는 회의에 대표자를 보냈다. 자신들의 정의를 위한 투쟁이 사회의 다른 투쟁들과 연결돼 있음을 깨닫기 시작한 것이다.

---

* Cook County Buillding, 시카고 시청사와 연결된 건물.

** 리퍼블릭 윈도스 앤드 도어스의 주요 채권자였다.

어떤 투쟁에서든, 특정 사안을 둘러싼 투쟁에 헌신하는 활동가들은 비슷한 문제와 씨름해야 한다. 우리는 어떤 변화를 원하는가? 우리의 동맹은 누구인가? 우리는 다른 투쟁과 어떤 연관이 있는가? 원하는 것을 얻으려면 어떻게 조직해야 하는가?

19세기의 노예제 폐지 투쟁을 보며 프레더릭 더글러스는 유명한 말을 남겼다. "투쟁 없이 진보 없다." 이것은 노예제 폐지론자들이 정말 힘들게 얻은 결론이었다. 왜냐하면 당시에는 노예제가 자연스레 사라질 것이고 미국 사회의 더 나은 본성이 승리할 것이라는 생각이 팽배했기 때문이다. 노예제 폐지를 위해 헌신하는 사람들이 많았지만 그들의 사상과 전략은 모두 달랐다. 결국, 노예제 폐지론자들이 노예제가 자연스레 사라지지 않을 것이라는 결론에 도달한 후에야 운동이 전진할 수 있었다. 노예주들의 권력은 경제·정치·언론 등 모든 사회제도 속에 구축돼 있었기 때문이다. 노예제 폐지를 원하는 사람들은 스스로 조직화하고 행동에 나서야 했다.

마찬가지로, 공민권운동에 동참한 흑인 대학생들을 생각해 보라. 처음에는 연방정부가 시민 불복종에 압력을 느껴 결국 인종차별 폐지 조처를 취하게 될 것이라는 낙관이 팽배했다. 1960년에 새로 생긴 학생비폭력조정위원회SNCC의 한 회원은 기자에게 미국의 전통적 가치들 때문에 행동에 나서게 됐다며 다음과 같이 말했다. 흑인들이 교육받을 기회를 얻게 되면 "아마 언젠가는 흑인이 미국의 [핵 — 마스]미사일을 만들 수 있게 되겠죠."

그러나 몇 년 후에는 학생비폭력조정위원회의 많은 회원들이 혁명가를 자처했다. 그들은 남부 여러 주를 횡단하는 장거리 버스 노선의 인종차별을 폐지하기 위한 프리덤 라이즈 운동, 1964년 여름 미시시피 주에서 흑인들의 유권자 등록을 선동한 프리덤 서머 기간에 공민권 활동가들이 살해당한 사건, 1964년 민주당 전당대회에서 민주당이 공민권운동 대표들을 배신한 사건 등을 경험했다. 이런 경험들을 통해 그들은 인종차별이라는 불의에 맞선 투쟁이 다른 불의에 맞선 투쟁들(그리고 전혀 다른 사회를 위한 투쟁)과 연결돼야만 승리할 수 있다는 것을 깨달았다.

이런 변화는 1960년대 내내 그리고 1970년대 초까지 반복됐다. 프리덤 서머 운동에 참여한 백인 대학생들은 공민권운동에서 배운 경험을 이용해 베트남 전쟁 반대 투쟁을 조직했다. 북부의 블랙파워 운동은 전쟁에 반대하는 사람들이 다른 불의에 맞서서도 싸워야 한다는 더 분명한 관점을 갖게 해 줬다. 반전운동 활동가들은 낙태권을 포함한 여성의 권리를 증진하기 위한 투쟁을 시작했다. 1960년대의 이런 투쟁들 속에서 미국과 전 세계의 혁명적 좌파가 다시 태어났다.

1960년대의 투쟁들은 의식이 순식간에 바뀔 수 있음을 보여 주는 증거다. 사회적 격변의 시기에는, 온갖 종류의 다른 일에 열정을 쏟던 많은 사람들이 갑자기 사회변혁에 관심을 돌리게 된다.

단연 가장 큰 투쟁, 즉 기존 사회질서를 전복하는 혁명이 일어나면 사람들은 엄청나게 바뀐다. 혁명의 역사에서 가장 두드러진 점은 평생 고분고분하고 복종하라는 교육만 받은 평범한 사람들이 갑자기 자기 목소리를 낸다는 것이다.

많은 역사가들은 혁명을 우스꽝스럽게 묘사한다. 그들이 보기에 혁명은 무장한 소수의 미치광이들이 정부를 장악해서 자기 배를 불리는 것이다. 우선, 이런 묘사는 사회의 폭력이 주로 어디서 비롯하는지를 은폐한다. 억압과 불의에 바탕을 둔 사회에서는 폭력이 다양한 형태로 단 하루도 빠짐없이 일어난다. 위대한 작가 마크 트웨인은 혁명의 폭력을 비난하는 온갖 고상한 설교들이 거짓말투성이임을 폭로했다. 그는 1789년 프랑스 혁명과 그 이념인 자유·평등·박애를 옹호하면서 프랑스 혁명을 피에 굶주린 무리들이 선동한 '공포정치'라고 폄하하는 사람들을 다음과 같이 비판했다.

찬찬히 돌이켜 생각하면, 두 종류의 공포정치가 있었음을 알 수 있다. 하나는 열정적으로 살인을 저질렀고, 다른 하나는 잔인하고 냉혹하게 살인을 저질렀다. 하나는 겨우 몇 달 동안만 지속됐고, 다른 하나는 1000년 동안 지속됐다. 하나는 1만여 명을 죽였고, 다른 하나는 수억 명을 죽였다. … 그 잠깐의 공포정치 시기에 죽은 사람들의 관은 시립 묘지 한 곳에 다 묻을 수 있었고, 우리는 그들의 죽음을 몸서리치게 슬퍼해야 한다고 끊임없이 배웠다. 그러나 훨씬 더 오래된 진정한 공포정치 시기에 죽은 사람들의 관은 프랑스 전체를 뒤덮고도 남겠지만, 아무도 그토록 엄청나게 많은 사람들이 죽었다거나 그들의 죽음을 애도해야 한다고 가르쳐 주지 않았다. 오히려 그들은 죽어 마땅한 짓을 했기 때문에 죽었다고 우리는 배웠다.

폭력과 혁명을 비난하는 위선뿐 아니라 사회주의는 소수 음모가들의 작품이라는 오해도 있다. 그런 음모가들이 혁명을 조직한 것은 사실이다. 그러나 **사회주의 혁명은 소수가 일으킬 수 있는 것이 아니다**(그 소수가 정말로 다수의 생활을 개선하고 싶어 하더라도 말이다). 사회주의의 핵심은 대중의 참여이기 때문이다. 러시아 혁명가 레온 트로츠키는 다음과 같이 썼다.

혁명의 가장 명백한 특징은 대중이 역사적 사건들에 직접 개입한다는 것이다. 일상적 시기에는 국가가(왕정이든 민주정이든) 국민 위에 군림하고, 역사는 정치 전문가들, 즉 왕·장관·관료·국회의원·언론인 등이 만든다. 그러나 대중이 더는 구질서를 참을 수 없다고 느끼는 결정적 순간에, 대중은 기존의 정치적 장벽을 깨뜨리고, 자신들의 전통적 대표자들을 제치고, 직접 나서서 새로운 체제의 기반을 놓는다. … 우리에게 혁명의 역사는 무엇보다 대중이 자기 운명을 결정하는 영역으로 강제로 진입하는 역사다.

혁명을 비판하는 우파 필자들은 흔히 혁명의 마지막, 즉 무장 봉기로 정부를 무너뜨리고 정치권력을 장악하는 순간에만 초점을 맞춘다. 그러나 이것은 혁명의 마지막 행동일 뿐이다. 무장봉기는 훨씬 더 오랜 투쟁 기간의 정점이다. 그런 투쟁 기간에 지배자들은 심화하는 위기에 직면하는 반면, 노동자들은 점점 더 자신감을 갖게 된다.

이 과정이 시작될 때 변화의 목표는 소박한 것일 수 있다. 즉, 체제의 작동 방식을 약간 개혁하는 정도로 말이다. 그러나 사회의 이런저런 측면을 바꾸고자 하는 투쟁은 더 심각한 문제들을 제기하기 마련이다. 사람들은 자신의 투쟁과 다른 투쟁들(그리고 체제 자체의 본질)이 서로 연결돼 있음을 깨닫기 시작한다. 노동자들은 이런 투쟁을 조직하면서 자신들에게 사회를 운영할 능력이 있다는 자각을 하게 된다. 정치권력 장악은 혁명의 마지막 단계, 즉 모든 작업장과 모든 마을과 사회 도처에서 이미 혁명을 느끼고 난 결과다.

세계를 뒤흔든 열흘

1917년 러시아 혁명은 지금까지 일어난 사회주의 혁명 가운데 유일하게 성공해서 일정 기간 지속된 혁명이다. 비록 노동자 권력의 경험은 짧았지만(10년 만에 패배하고 말았다) 러시아 혁명은 사회주의가 어떤 모습일지를 가장 잘 보여 줬다.

이 때문에 러시아 혁명은 셀 수 없이 많은 거짓말과 비방 공세에 시달렸다. 그중 으뜸은 1917년 혁명이 음모의 대가들인 레닌과 트로츠키가 일으킨 쿠데타였다는 것이다. 이것은 완전히 터무니없는 주장이다. 혁명의 원인은 러시아 황제 차르 니콜라이 2세에 대한 대중의 증오, 그리고 그가 이끈 전쟁과 비참한 가난이었다. 혁명은 1917년 2월 국제 여성의 날을 기념하는 거의 자생적인 시위로 시작됐다. 이 시위는 단 며칠 만에 엄청나게 확산됐고, 결국 수도 페트로그라드가 마비되고 제정이 무너졌다.

러시아 혁명은 쿠데타이기는커녕 대중행동에 의존했다. 그런 수많은 행동 중 하나를 트로츠키가 지은 《러시아혁명사》에서 찾아볼 수 있는데, 트로츠키는 차르의 군대 중 가장 잔인하고 무서운 부대였던 카자흐 부대와 한 무리의 노동자들이 대결한 장면을 다음과 같이 묘사했다.

비보르크 지구에서 가장 큰 공장 중 하나인 에릭슨 공장의 노동자 2500명은 아침 집회를 마치고 삼프소니예프스키 대로로 진출했다. 그리고 폭이 좁은 곳에서 카자흐 부대와 마주쳤다. 카자흐 장교들은 말의 가슴을 들이밀고 길을 터 가며 먼저 군중 사이를 꿰뚫고 돌진했다. 그들 뒤에는 대로 전체를 가득 뒤덮으며 카자흐 병사들이 말을 타고 달려오고 있었다. 결정적 순간이었다! 그러나 병사들은 장교들이 뚫은 좁은 길을 따라 길게 대열을 형성하며 조심스레 지나갔다. 카유로프는 다음과 같이 회상했다. "일부 병사들은 미소를 지었고, 그중 한 명은 선의의 윙크를 했다." 이것은 의미 없는 윙크가 아니었다. 노동자들은 이 적대적이지 않고 우호적인 안전 보장 신호를 받고 대담해졌다. 그리고 이런 대담성은 카자흐 병사들에게도 전염됐다. 더 많은 병사들이 윙크했다. 장교들은 규율을 엄히 세우려 애를 썼지만, 병사들은 공공연히 규율을 어기지는 않으면서도 군중을 해산시키지 않고 오히려 군중을 따라 움직였다. 이런 일이 서너 번 반복되면서 병사들과 군중은 관계가 더 가까워졌다. 카자흐 병사들은 개별적으로 노동자들의 질문에 답하기 시작했고 심지어 짧은 대화를 하기도 했다. 규율은 유지됐으나 언제든지 깨질 위험이 있었다. 그러자 장교들은 서둘러 병사들을 노동자들에게서 떼어 놓고, 시위대 해산 작전을 포기했다. 그 대신에 시위대의 [도심 – 마스] 진입을 막기 위해 거리를 가로질러 병사들을 줄지어 세워 놓고 도로 차단벽 구실을 하게 했다. 그러나 이것도 별 소용이 없었다. 부동자세로 완벽하게 규율을 지키는 듯하면서, 카자흐 병사들은 자신들이 탄 말의 배 밑으로 노동자들이 '뛰어들어' 지나가는 것을 방해하지 않았다. 혁명은 자신이 나아갈 길을 따지고 고르지 않는다. 혁명은 카자흐 병사가 탄 말의 배 밑으로 뛰어들어 승리를 향한 첫발을 내디뎠다.

레닌과 트로츠키, 그리고 그들이 이끈 볼셰비키당이 결국 새로운 노동자 국가의 지도부가 된 것은, 그럴 만한 자격이 있음을 실천에서 입증했기 때문이다. 볼셰비키는 마침내 소비에트, 즉 노동자 평의회에서 다수파가 됐다. 당시에는 조금이라도 상황을 아는 사람이라면 대중이 볼셰비키를 지지했다는 사실에 의문을 제기하지 않았다. 볼셰비키의 반대파로 가장 유명한 사람인 마르토프는 "어쨌든 우리 앞에 놓인 현실은 승리한 프롤레타리아 봉기라는 사실을 이해하셔야 합니다. 거의 모든 프롤레타리아가 레닌을 지지하고 봉기를 통한 사회 해방을 기대합니다" 하고 말했다. 심지어 혁명의 마지막 행동(제정 몰락 후 정권을 잡은 자본가 정부한테서 권력을 빼앗은 10월 무장봉기)에서도 저항과 폭력은 미미했다.

러시아 혁명의 대중적 성격은 초기 성과를 봐도 분명해진다. 혁명으로 러시아의 제1차세계대전 참전이 끝났다. 강대국들의 세계 지배 쟁탈전에서 수많은 노동자들이 죽었다. 러시아의 전쟁 참여는 처음에 애국주의 광풍을 불러일으켰지만 러시아 대중은 쓰라린 경험을 통해 이 학살극을 거부하기에 이르렀다. 차르의 지배 체제를 방어하고 받쳐 주던 병사들이 태도를 바꿔 혁명에 동참했다. 이것은 모든 혁명에서 그랬듯이 러시아에서도 결정타였다.

러시아 혁명으로 차르의 제국도 해체됐다. 레닌이 차르의 폭정에 오랫동안 시달린 소수민족들의 '감옥'이라고 불렸던 체제가 무너진 것이다. 이 민족들은 조건 없는 자결권을 얻게 됐다. 차르는 자신의 지배를 유지하려고 유대인 혐오를 이용했는데, 혁명 이후 러시아의 양대 도시 노동자 평의회를 유대인들이 이끌게 됐다. 동성애 금지법은 폐지됐다. 낙태가 합법화돼서 여성이 요구하면 가능해졌다. 혁명은 보육 시설, 식당, 세탁소를 사회화해서, 오랫동안 전해 내려온 '여성의 가사 노동' 부담을 제거하기 시작했다.

그러나 단지 선언문을 나열하는 것만으로는 노동자 권력의 현실을 제대로 보여 줄 수 없다. 러시아 사회는 아래로부터 새롭게 만들어지는 과정에 있었다. 공장에서는 노동자들이 생산을 책임지기 시작했다. 농촌에서는 압도 다수의 농민이 대지주의 토지를 접수했다. 도시에서는 지역사회 주민이 온갖 종류의 공공서비스를 조직했다. 대체로, 사회 전체에 관한 결정은 사회 전체가 참여해서 내리게 됐다. 러시아는 토론의 도가니였다. 무엇을 할 것인가를 두고 온갖 논쟁이 벌어졌다. 혁명을 직접 경험한 사회주의자들에게는 이렇게 사람들의 시야가 열리는 과정에 대한 기억이 강렬하게 남아 있다. 고참 볼셰비키이고 레닌의 부인인 크룹스카야는 다음과 같이 묘사했다.

당시 거리에서는 흥미로운 광경을 볼 수 있었다. 어디서나 사람들이 삼삼오오 모여 최근 사건들에 대해 뜨겁게 논쟁하고 토론했다. 나도 사람들 틈에 섞여 귀를 기울였다. 이러한 거리 집회가 아주 흥미로워서, 어느 날은 내가 시로카야 거리에서 크셰신스카야 저택까지 걷는 데 세 시간이 걸렸다. 우리 집 건너편에는 마당이 있어서 밤에 창문을 열면 뜨거운 논쟁 소리가 들렸다. 거기에 병사가 앉아 있으면 항상 요리사, 옆집 가정부, 젊은이 등이 그의 이야기를 듣고 있었다. 새벽 1시에도 볼셰비키가 어쩌고, 멘셰비키가 어쩌고 하는 소리를 들을 수 있었다. 새벽 3시에는 밀류코프가 어쩌고, 볼셰비키가 어쩌고 하는 소리가 들렸고, 새벽 5시에도 똑같은 거리 집회에서 정치 토론과 연설 등을 들을 수 있었다. 지금도 나는 페트로그라드의 백야를 볼 때마다 당시의 정치 토론이 떠오른다.

비극은 러시아에서 노동자 권력이 아주 잠깐만 존속했다는 것이다. 1917년 혁명 이후 미국을 포함한 세계 주요 열강들이 침략군을 조직해서, 차르 체제의 잔당들(장군, 귀족, 온갖 어중이떠중이)과 손잡고 새 노동자 국가에 대항하는 내전을 일으켰다. 혁명은 이 공격에서 살아남았지만, 엄청난 대가를 치렀다. 내전의 결과로 1922년 무렵 기근이 만연했고, 혁명을 일으킨 노동계급이 대거 사망했다. 사회주의가 살아남는 데 꼭 필요한 근본적 요소인 풍요가 짓눌렸다.

레닌을 비롯한 러시아 혁명의 지도자 어느 누구도 노동자 국가가 선진국 혁명의 지원 없이도 이런 야만 상태에서 살아남을 것이라고 생각하지 않았다. 러시아 혁명가들은 사회주의를 위한 국제적 투쟁이 러시아에서 시작될 수 있다고 생각했지만, 끝나는 것은 오로지 국제 사회주의 혁명이 성공한 후에야 가능하다고 봤다. 실제로 제1차세계대전 말과 러시아 혁명 이후 반란의 물결이 유럽을 휩쓸며 독일 왕정과 오스트리아-헝가리 제국을 무너뜨리고 다른 많은 사회도 뒤흔들었다. 그러나 러시아 말고는 어느 곳에서도 노동자들이 권력을 장악하지 못했다. 그래서 러시아 혁명은 고립됐다.

이런 절망적 상황에서, 기진맥진한 러시아 노동자들은 노동자 평의회를 통해 권력을 행사할 수 없었다. 국가 관료들이 점점 더 많은 결정을 내리게 됐다. 처음에는 국제 혁명의 지원을 받을 때까지 노동자 국가의 생존을 유지하는 것이 목표였다. 그러나 국제 혁명의 희망이 사라지면서 관료 집단의 지도자인 이오시프 스탈린과 그의 동맹들이 자신들의 지배에 반대하는 세력을 모조리 제거하기 시작했다. 그리고 자신들의 권력을 보호하고 강화하는 데 얼마나 도움이 되느냐를 기준으로 결정을 내리기 시작했다. 사회주의 미사여구를 계속 사용하면서도 혁명의 성과를 모두 되돌리기 시작했다. 소비에트는 스탈린 정권의 결정을 승인하는 거수기가 됐다. 차르 시대의 제국도 재건됐다.

이런 반혁명에 반대하는 움직임이 없었던 것은 아니다. 특히, 레온 트로츠키는 사회주의의 원칙들을 방어하는 투쟁을 이끌었다. 권력을 공고히 하기 위해, 스탈린은 1917년 혁명의 살아 있는 지도자들을 살해하거나 망명지까지 쫓아다니며 괴롭혔다. 스탈린 치하의 러시아는 1917년 노동자 국가의 정반대가 됐다. 스탈린 일당은 말끝마다 사회주의를 들먹였지만, 그들이 운영한 독재 체제에서는 서방 자본주의 나라들과 꼭 마찬가지로 노동자들이 착취당했다.

안타깝게도, 많은 사람들이 사회주의를 스탈린의 폭정과 연결해 생각한다. 자본주의 지지자들은 우리가 그렇게 생각하도록 부추긴다. 변화를 쟁취하려는 노력은 모두 제2의 스탈린을 낳을 것이라는 생각보다 더 효과적인 사회주의 비판은 없을 테니까 말이다. 그러나 러시아에서 스탈린의 승리가 불가피했던 것은 아니다. 스탈린의 승리는 자본주의라는 바다에서 노동자 혁명이 고립된 결과였다. 즉, 혁명이 고립되자 숨통이 막혀서 결국은 질식사하고 만 것이다.

더욱이, 어떤 중상모략도 러시아 혁명의 성과를 지울 수 없다. 즉, 역사상 가장 급진적인 노동자 민주주의 실험은 결코 지울 수 없다.

러시아 혁명은 100여 년 전 유럽의 가장 후진적인 나라에서 일어났다. 1917년 이래 노동자 투쟁 사례들이 보여 주듯이, 오늘날 우리는 명백히 더 나은 처지에 있다. 20세기의 역사는 노동자 투쟁이 핵심적 구실을 한 사회적 분출로 가득하다. 유럽의 스페인·프랑스·포르투갈, 중동의 이란, 남아메리카의 칠레, 동유럽의 스탈린주의 독재 치하 헝가리와 폴란드에서 일어난 항쟁들은 (다른 많은 항쟁들처럼) 현실에 도전하고 대안을 제시할 수 있는 노동자들의 힘을 보여 줬다.

비록 그런 항쟁들이 사회주의를 건설하지는 못했지만, 이 혁명적 격변들은 대중에게 생기를 불어넣었다. 그것이 바로 사회주의가 추구하는 것이다. 즉, 압도 다수가 건설하는 사회, 그들이 결정한 우선순위에 따라 조직되는 사회 말이다. 영국 아동문학 작가 아서 랜섬은 혁명 러시아에서 자신이 목격한 새 세상에 대해 다음과 같이 썼다.

우리는 어린 독수리들이 날아오르는 것을 봤다. 설사 나중에 이 독수리들이 날개가 부러져 하나씩 땅에 떨어진다 해도, 그들이 날아올랐다는 사실 자체는 결코 부인할 수 없다. … 러시아에서 소비에트 정부를 수립한 이 사람들은 실패하더라도 깨끗한 방패와 깨끗한 심장을 갖고 실패할 것이다. 그리고 그들이 실현하려고 분투했던 이상은 살아남을 것이다. 비록 실패하더라도, 그들은 내가 아는 인류 역사상 어느 누구보다 더 대담하게 역사의 한 페이지를 써 내려갔다.

07
사회주의와 투쟁 그리고 여러분

"돈 생각만 하면, 기가 막히고 숨이 막혀요. 돈이 한 푼도 없으니까요." 많은 사람들이 태미 린빌처럼 느낀다. 2009년 말 현재 켄터키 주 루이빌에 살고 있는 29세의 태미는 인구조사국의 사무직 일자리를 잃은 뒤 18개월 동안 일을 하지 못했다. 태미의 파트너는 인근 포드자동차 공장에서 일하지만 비정규직이다. 그들에겐 두 아이가 있다. 태미는 〈뉴욕 타임스〉 기자에게 "기저귀 값이라도 마련하려고 25센트짜리 동전을 모으기 시작했어요" 하고 말했다. 항상 두려워하며 살다 보니 공황 발작을 겪게 됐다고도 했다. "어떻게 해야 할지 정말 모르겠어요."

수많은 미국인들이 똑같은 두려움에 시달리고 있다. 2009년 말, 성인 여섯 명 중 한 명 이상이 태미와 그 파트너 같은 운명에 처해 있다. 즉, 직장이 없거나 풀타임 일자리를 찾을 수 없어 파트타임으로 일한다. 경제 위기의 여파가 너무 심각해서 그 전모를 온전히 파악하기가 어려울 정도다. 경제정책연구센터의 연구 결과를 보면, 이번 대불황으로 미국 노동자들은 1조 달러 이상의 임금과 봉급을 잃을 것이라고 한다.

21세기가 됐는데도 전 세계의 훨씬 더 많은 사람들에게 삶은 더 절망적인 것이 됐고, 전쟁과 환경 재앙의 위협이 우리 모두에게 다가오고 있다. 뭔가 다른 것, 즉 현재 상태를 바꿀 대안이 절실히 필요하다.

이런 암울한 상황의 윤곽은 2008년 말에 분명히 드러났다. 그렇지만 전 세계 사람들은 말할 것도 없고 수많은 미국인들도 미래를 낙관했다. 8년이나 집권하며 부도덕하고 폭력적인 짓을 일삼은 조지 W 부시의 통치가 끝나 가고 있었기 때문이다. 그뿐 아니라 새 대통령은 통치 방식의 변화를 약속하는 것처럼 보였다.

그러나 "우리는 할 수 있다"던 버락 오바마가 "우리는 하지 않을 것이다"로 태도를 바꾸자 오바마 지지자들은 쓰디쓴 실망을 맛봤다. 더구나 대다수 사람들은 기적을 바라지도 않았다. 최악은 오바마가 많은 공약을 이행하려다 실패한 것이 아니라, 공약을 이행하려는 시도조차 하지 않았다는 것이다. 애초에 그는 자신의 약속에 열의가 없었다. 오바마는 핵심 지지자들에게 영향을 미치는 주요 쟁점들에서 변화를 위해 싸우기는커녕, 자신이 현상 유지 옹호자임을 입증했다.

2009년 말 코펜하겐 기후회의가 참담한 실패로 끝난 후 나오미 클라인이 쓴 다음의 글은 많은 사람들의 견해를 대변했다. "나는 오바마가 실행할 수 없는 약속을 하지는 않았다거나 미국 상원이 마비됐다거나 [정치는] 가능성의 예술이라거나 하는 주장을 모두 이해한다. 그러나 불쌍한 오바마가 얼마나 힘이 없는지에 대해서는 한마디 해야겠다. 루스벨트 이래 오바마만큼 미국을 지구 상에서 생명의 안전을 위협하지 않는 나라로 바꿀 수 있는 기회가 많았던 대통령도 없었다. 그러나 오바마는 그 기회들을 전혀 이용하려 하지 않았다."

이것이 자본주의 정치의 냉혹한 현실이다. 정치 지도자들은 아래로부터 압력받는다고 느끼지 않으면, 월가, 재계, 정치·군사 권력자들이 위로부터 끊임없이 가하는 압력에 굴복한다. 따라서 오바마의 당선으로 실현될 것 같았던 변화를 원하는 사람은 모두 이런 압력에 대해 뭔가 조처를 취해야만 할 것이다.

"인간은 대가를 치르는 것을 모두 얻지 못할 수는 있지만 얻은 것에 대해서는 반드시 대가를 치러야 한다"고 프레더릭 더글러스는 말했다. "우리를 짓누르는 억압과 불의에서 벗어나 자유로워지려면, 그것들을 제거하기 위해 대가를 치러야 한다."

그럼 어디서 시작해야 할까? 오바마 집권 첫해에 시작된 정치

운동, 즉 성소수자 평등을 위한 새로운 공민권 투쟁의 등장을 살펴볼 만하다. 이 운동은 대체로 주류 정치와 주류 진보 단체들 밖에서 형성됐다.

이 운동이 시작된 계기는 퇴보, 즉 캘리포니아에서 동성 결혼을 금지한 주민발의안 8호가 통과된 것이었다(캘리포니아에서는 전에 주 대법원의 판결로 동성 결혼권이 인정된 상태였다). 동성 결혼권을 지지하는 성난 사람들이 선거 전날 거리로 쏟아져 나왔다. 다음 날과 그다음 날도, 그 주 내내 계속 거리 시위가 벌어졌다. 시위는 캘리포니아의 대도시들에서 더 작은 도시로 확산됐고, 결국은 주 전체와 미국 전역의 도시들로 확산됐다. 선거 후 2주가 지나지 않아, 새로 만들어진 인터넷 웹사이트가 호소한 전국 행동의 날에 300개 도시에서 시위가 벌어졌다.

이런 시위와 행진을 통해 새로운 단체들이 결성됐다. 정치 활동 경험이 거의 없거나 전무하지만 운동을 조직하려는 열정은 엄청난 사람들이 말 그대로 하룻밤 사이에 모여든 경우도 있었다. 이런 세력들이 2009년 10월 '전국 평등 행진'의 주력이 됐다. 빈약한 자원으로 건설된 이 집회에 참가하려고 전국에서 20만 명 이상이 워싱턴으로 몰려들었다. 그들의 목표는 50개 주 전체에서 성소수자들이 민법에 보장된 모든 권리를 동등하게 누려야 한다는 것이었다.

민주당은 전국 평등 행진을 "기껏해야 시간 낭비"라며 무시했다. 민주당 하원의원 바니 프랭크는 행사 며칠 전에 기자에게 다음과 같이 말했다. "그들이 압력을 가할 수 있는 대상은 오직 잔디뿐이다." 휴먼라이츠캠페인 같은 주류 성소수자 단체들도 비슷한 태도를 취했다. 이들은 대놓고 무시하지는 않았지만 마지막 순간에야 형식적 지지를 보냈을 뿐이다.

이것이 워싱턴 정가 사람들의 전형적 태도다. 2006년에 이들은 민주당이 다시 의회를 장악하기 전까지는 결혼보호법이나 군대에서 "묻지도 말하지도 않기" 정책을 폐지하는 데 어떤 진전도 없을 것이라고 주장했다. 그 뒤 [민주당이 의회 다수당이 된] 2008년에는 민주당이 집권할 때까지는 그런 진전이 없을 것이라고 말했다. 그런데 이제 대통령 집무실에 오바마가 있고, 상하 양원에서 모두 민주당이 다수당인데도 여전히 인내를 요구한다.

전국 평등 행진은 이런 "더 기다려"식 태도를 넘어서는 중요한 일보 전진이었다. 성소수자 평등권 운동은 갈 길이 멀다. 승리만큼이나 패배도 있을 것이고, 운동의 고양과 침체도 겪을 것이다. 그러나 중요한 것은 기층의 힘이 대안적 전망과 전략(변화를 추구하는 다른 운동에도 절실하게 필요한)을 보여 줬다는 점이다.

성소수자 공민권운동이 보여 준 또 다른 점은 개인들이 무엇을 하느냐가 중요하다는 것이다. 선거일과 그 이후 주도적으로 시위를 호소한 소수의 사람들(대부분 사회운동의 경험이 없었다)이 없었다면, 주민발의안 8호 통과에 대한 지배적 반응은 사기

저하였을 것이다. 전국적 결집 호소를 자기 일처럼 받아들이고 사람들을 조직하는 수고를 아끼지 않은 개인들과 조직들이 없었다면, 전국 평등 행진은 바니 프랭크의 모욕적인 말처럼 끝나고 말았을 것이다.

우리가 무엇을 하고 무엇을 하지 않는지가 중요하다. 이 점에서, 정치는 워싱턴에서만 일어나는 일이 아니다. 정치는 단지 정치인들이나 평론가들, 노동조합 지도자들이나 공민권 단체와 진보 단체의 우두머리들만 하는 일이 아니다. 정치는 우리 모두의 것이다. 왜냐하면 우리가 정치적 문제들에 어떻게 대답하고 그런 대답을 바탕으로 어떻게 행동하느냐에 따라 사회에서 무슨 일이 일어나는지가 결정되기 때문이다.

미국이 벌이는 전쟁들부터 불평등, 억압, 노동자들의 생활수준 저하까지 미국의 온갖 정치적 문제들에서 지난 수십 년 동안 나타난 주된 특징 하나는 좌절과 분노가 널리 퍼져 있다는 것이다. 그러나 분노의 수준만큼 투쟁과 정치적 동원 수준이 높지는 않았다. 조지 W 부시의 임기 말 국민의 다수는 이라크 전쟁을 강력하게 반대했다. 그러나 천문학적 전쟁 비용 예산안은 민주당의 아주 형식적인 반대에만 부딪혔을 뿐 의회를 쉽게 통과했고 반전시위도 극히 드물었다. 월가 투기꾼들에 대한 구제금융을 보며 압도 다수의 사람들이 격분했지만, 노동운동은 몇 차례 상징적 시위 말고는 아무것도 하지 않았다.

분노와 저항 사이의 간극을 이어 줄 지름길은 없다. 기성 체제를 대체하는 데 필수적인 지지와 광범한 동원 기반을 가진 사회·정치 운동(공민권운동처럼 현재 상태를 정말로 변화시킬 수 있는 힘을 가진 운동)은 완전히 성숙한 형태로 갑자기 출현하지 않는다. 자유와 정의를 위한 모든 투쟁의 역사는 이런 운동이 하나하나 차분히 건설돼야 한다는 것을 보여 준다.

로자 파크스가 1955년 12월 [버스에서] 백인 남성에게 자리를 내주기를 거부하다 체포된 사건을 계기로 시작된 몽고메리 버스 보이콧 운동처럼 투쟁에는 절정의 순간들이 있다. 그러나 절정 이전의 순간들도 기억해야 한다. 로자 파크스가 몽고메리에서 미국흑인지위향상협회NAACP 지부를 만들었을 때, 테네시 주의 하이랜더 포크 스쿨*에서 열린 모임에 참석해서 투쟁의 미래를 토론했을 때, 인종 격리 반대 시위들에 참가했으나 시 전체의 흑인 반란으로 번지지는 않았을 때 같은 그런 순간들 말이다. 이런 순간들이 다가올 절정의 토대를 놓았다.

불평등과 불의를 바탕으로 건설된 체제에서, 투쟁을 조직해야 할 문제들은 사회 곳곳에 널려 있다. 그러나 그런 행동이 있을지 없을지는 사람들이 무엇을 하기로 결정하는지에 달려 있다. 즉, 시위가 벌어질지, 행동을 계획하는 회의가 열릴지, 워싱턴행 버스

---

* Highlander Folk School, 1932년 설립된 사회정의 운동 지도자 양성 기관.

들이 준비되고 서명운동이 조직될지 어떨지는 모두 사람들이 무슨 결정을 내리는지에 달린 것이다.

사회주의 조직은 왜 필요한가

투쟁에서 절정의 순간이 왔을 때, 사태는 매우 빨리 변할 수 있다. 특히 사람들의 생각, 즉 무엇이 잘못이고, 무엇을 할 수 있고, 어떤 일을 할 수 있는지 없는지 등에 관한 생각이 순식간에 바뀔 수 있다. 심지어 사소한 요구를 위한 투쟁을 하면서도 사람들은 누가 동맹이고, 무엇에 맞서 싸워야 하고, 목표를 성취하는 데 어떤 전술이 적절한지를 배우기 시작한다.

그러나 생각이 모두 한꺼번에 바뀌는 것은 아니다. 어떤 운동에서나, 고용주와 정치권력자들에 맞서 더 단호하게 싸우는 사람들이 있다. 이들은 억압받는 자들을 옹호하는 데 더 헌신적이고, 정치적 대안을 위한 투쟁에 더 확신이 있는 사람들이다. 물론 사람들이 늘 똑같지는 않다. 의식은 투쟁의 승리나 패배, 전반적 정치 분위기 등 실제 사건들의 영향에 따라 전진하기도 후퇴하기도 하면서 변한다.

그래서 특정 정치 쟁점에 관해서 무엇을 할지를 두고 사람들의 견해는 항상 갈리기 마련이다. 어떤 사람들은 당장 행동해야 한다거나 다른 정치 문제와 연결해야 한다고 생각할 것이다. 다른 사람들은 저항이 사태를 악화시킬 뿐이라고 주장할 것이다. 또 다른 사람들은 전에 시도된 전략들과는 다른 다양한 방법으로 운동을 건설해야 한다고 생각할 것이다. 이런 토론과 논쟁 결과에 따라 투쟁 결과도 달라진다.

이런 상황에서, 과거 투쟁의 교훈을 알려 주고 전진 방안을 제시하는 사회주의자들의 참여는 아주 중요할 수 있다. 조직에 속한 사회주의자들은 직장, 지역사회, 학교 등에서 자신이 경험한 것을 서로 공유할 수 있고, 무엇을 할 것인지에 관한 공통된 견해에 이를 수 있다. 그런 조직의 강점은 조직원 전체의 경험과 정치적 이해력 수준에 달려 있고, 그것은 그 조직원들이 참여하는 다양한 정치 활동에도 반영될 수 있다.

이 중 어떤 것도 민주당 같은 정당에는 소용없을 것이다. 민주당은 오로지 민주당원 당선시키기라는 단 하나의 이유를 위해 존재하기 때문이다. 이를 위해 민주당 지지자들은 몇 년에 한두 번 돈을 모으고 투표를 한다. 대체로 그 밖에는 아무것도 하지 않는다. 민주당 조직은 이러한 목적에 맞게 편제돼 있다. 당의 기층에 있는 지지자들이 상부의 지도자들에게 영향을 미칠 수 있는 장치는 전혀 없다. 다시 말해, 민주당은 완전히 비민주적이다.

사회주의자들의 목표는 사뭇 다르다. 따라서 우리의 정치조직도 사뭇 달라야 할 것이다. 우리는 몇 년에 한 번씩이 아니라 날마다 활동하는 사회주의자들이 필요하다. 모든 일터에서 노동자들의 불만에 반응하고 정치적 질문에 대답하는 사회주의자들이 필요하다. 모든 지역사회에서 주택·학교·경찰 폭력 같은 문제를 제기할 사회주의자들이 필요하다. 캠퍼스에서 공개 토론회와 시위를 조직하는 사회주의자들이 필요하다. 일하는 사람들이 살아가는 사회 곳곳에 사회주의자들이 있어야 한다. 이 사회주의자들은 끊임없이 활동해야 하고, 투쟁을 조직해야 하고, 정치 토론을 해야 하고, 자신과 남들을 모두 교육해야 한다.

이를 성취하려면 혁명적 사회주의 조직은 자본주의 사회의 다른 어떤 정치조직보다 훨씬 더 민주적이어야 한다. 우리는 투쟁의 역사에서 물려받은 경험뿐 아니라 모든 회원의 경험도 한데 모아야 하고, 그런 경험을 공통의 기반 삼아 모든 사람을 조직해야 한다. 이것이 뜻하는 바는 조직 전체에서 토론과 논쟁이 벌어져야 하고, 선출된 지도자들에게 책임을 물을 수 있는 구조가 있어야 한다는 것이다.

그러나 사회주의 조직은 중앙집중적이기도 해야 한다. 즉, 이런 토론과 그에 따른 민주적 결정을 바탕으로 함께 행동할 태세가 돼 있어야 한다. 회원들에게 다수의 결정을 실행할 책임을 지우는 중앙집중주의가 없다면, 다수결 같은 민주적 절차도 아무 의미가 없을 것이다.

이런 조직 문제는 사회주의 운동에서 가장 뜨거운 논쟁거리

가운데 하나다. 우파뿐 아니라 많은 좌파도, 사회주의자들과 함께 조직을 건설할 수 있다는 생각을 의심하거나 아예 노골적으로 반대한다. 한 가지 이유는 여전히 지속되고 있는 스탈린주의의 영향 때문이다. 스탈린주의는 소련과 전 세계의 공산당을 상명하달 기구, 다시 말해 민주주의는 없고 중앙집중주의만 있는 기구로 전락시켰다.

그러나 다른 이유가 더 심각하다. 특히 좌파에 익숙하지 않은 사람들은, 흔히 자신이 동의하지 않는 결정(다수가 내린 결정일지라도)에 대해서도 책임을 져야 한다는 생각에 본능적으로 반발한다. 그들의 주장인즉, 우리가 자유를 바탕으로 하는 새로운 세상을 건설하려고 싸우는 거라면, 왜 우리 운동이 지금 여기서 그런 자유를 반영해서는 안 되는가 하는 것이다. 사람들이 저마다 최선이라고 생각하는 방식대로 자유롭게 행동하면 안 되는가?

문제는 지금 우리가 자유로운 세계에 살고 있지 않다는 것이다. 그리고 우리의 적들은 그런 세계를 유지하려고 조직돼 있다는 것이다.

자본주의에서 지배계급은 착취와 억압을 유지하려고 만들어진 매우 조직적인 위계질서를 관장한다. 자유 시장이 어쩌고저쩌고 떠들지만 개별 기업은 결코 민주적이지 않다. 지배계급은 주류 대중매체와 교육제도를 이용해 정치 선전을 조직하고 유포한다. 저항이 벌어지면, 잘 조직되고 훈련된 경찰과 군대를 동원해 대응할 수 있다. 그리고 경제 위기 때는 모든 지배 기구들의 대응을 조율한다. 2008년 월가의 주식시장 폭락에 책임이 있는 금융기관 총수들이 갑자기 연방정부 재무부에 나타나 구제금융을 감독한 것을 떠올려 보라.

지배계급은 사회의 극소수이기 때문에, 이런 조직이 없으면 지배할 수 없다. 따라서 이런 지배에 도전하는 것은 곧 그들의 조직에 도전한다는 것을 뜻한다. 그러려면 양쪽의 수준이 어느 정도 엇비슷해야 한다. 즉, 우리 편의 조직과 저들의 조직이 얼추 대등해야 한다. 예컨대, 저들의 대중매체가 우리 노동조합의 명성을 더럽히려고 중상모략하는 비난 공세를 퍼붓는다면, 우리도 똑같이 조직적으로 대응해야 한다. 즉, 우리의 독자적 신문, 잡지, 웹사이트를 이용해서 운동을 방어하고 우리의 개혁 비전을 제시해야 한다. 저들의 경찰이 저항을 분쇄하라는 명령을 받으면, 우리도 국가 폭력과 탄압에 맞서 우리 대열을 방어하기 위해, 다수라는 우리의 강점을 살려서 조직적 전략으로 대응해야 한다.

우리 편 조직의 이런 요소들은 사실상 모든 투쟁에서(아무리 작은 투쟁이라도) 가장 기본적인 수준으로나마 존재한다. 심지어 아주 작은 규모의 공개 토론회도 미리 계획하고 홍보해야 한다. 서명 용지도 작성하고 배포하고 모아야 한다. 작업장에서 벌어지는 어떤 저항이든 동료들의 지지를 얻어야 한다. 이런 일들은 모두 사람들이 어느 정도 함께 협력해야 가능하다.

난데없이 분출한 듯한 항쟁을 밖에서 보면 조직의 요소들이 항상 분명히 드러나지는 않는다. 그러나 참가자들에게는 그렇지 않다. 2002년 4월 베네수엘라에서 대통령 우고 차베스를 제거하려는 쿠데타가 일어났을 때 수도 카라카스의 빈민가 주민들이 결집한 사례를 살펴보자. 차베스가 이미 납치돼 군용 비행기에 실려 베네수엘라 밖으로 쫓겨나고 새로운 쿠데타 정부가 들어섰는데도 카라카스 빈민들은 도시 중심부로 물밀듯이 쏟아져 들어왔다. 차베스 지지자들의 항쟁이 소수 특권층을 흔들었고, 군대의 일부는 겁을 먹었다. 결국, 쿠데타 정권은 붕괴했고, 차베스는 의기양양하게 베네수엘라로 돌아왔다.

대세를 뒤집은 결정적 시위를 묘사한 자료들은 대부분 그 시위를 아주 자발적인 것으로 그린다. 그러나 시위 참가자에게 이 시위는 긴장되고 급변하는 상황 속에서 아주 단호한 조직 활동이 필요했던 의식적 행동이었다. 쿠데타가 무엇을 뜻하는지 파악하고, 다른 사람들의 참여를 끌어내고, 그들이 두려움을 극복하게끔 도와주고, 소수 특권층에게 압력을 넣는 최선의 방법을 찾아내는 것이 필요했다.

물론 어떤 정치적 사건들은 다른 것들보다 더 조직적이다. 그리고 투쟁의 특정 시기에는 더 높은 수준의 조직이 필요하다. 과거 투쟁의 역사는 행동과 조직이 둘 다 중요하다는 것을 보여 준다. 상황에 따라 정도 차이는 있지만 말이다. 예를 들어, 1789년 프랑스 혁명 때 파리에서 왕정을 무너뜨리는 반란을 계획한 사람은 아무도 없었다. 파리 대중에게 바스티유 감옥이 집결 장소로 좋은지 나쁜지 토론할 필요도 없었다. 마찬가지로 1917년 2월 러시아에서도 차르 체제를 전복하기 위해 파업과 거리 전투 날짜를 미리 계획한 사회주의 조직은 전혀 없었다. 이런 사례들에서는 구체제의 폭압에 대한 누적된 증오만으로도 혁명 과정이 시작되기에 충분했다.

그러나 왕과 차르를 제거한 다음에는 무엇을 어떻게 할 것인가? 새로운 상황이 제기하는 정치적 과제들은 순전히 행동을 조직하는 것만으로는 해결할 수 없었다. 투쟁의 다음 단계에 대한 비전을 중심으로 건설된 정치조직이 필요했다. 혁명은 얼마나 멀리 나아가야 하는가? 왕과 차르가 다시 돌아오지 못하게 하려면 무엇이 필요한가? 이런 질문들에 대한 해답은 결국 서로 경쟁하는 조직들의 검증 과정을 거쳐 결정됐다. 프랑스에서는 혁명적 자코뱅 대 온건한 지롱드의 경쟁이었고, 1917년 러시아에서는 볼셰비키 대 멘셰비키의 경쟁이었다.

이런 조직은 하루아침에 출현하지 않는다. 누군가가 그것을 건설해야 한다. 사회주의 조직은 특히 더 그렇다. 사회주의 조직의 목표는 억압과 착취에 맞선 수많은 운동의 일부가 되고, 사회주의를 위한 더 광범한 투쟁 속에서 이런 운동들을 단결시키는 것이기 때문이다. 이런 조직은 자신이 관여하는 모든 투쟁에 최대한 기여하고, 서로 다른 운동을 긴밀하게 연결하고, 다양한 투쟁 경험을 흡수하고, 현실에 비춰 자신의 사상을 검증해 보는 등 오랜 시간 동안 꾸준히 건설돼야 한다. 회원들은 사회주의 사상과 역사를 배우고, 앞으로 벌어질 투쟁에서 전진 방안을 제시할 수 있도록 준비하기 위해 그런 사상과 역사의 현재적 의미를 끊임없이 토론해야 한다.

이것이 바로 사회주의가 필요한 또 다른 이유다. 즉, 여러분이 단지 사상만이 아니라 행동에서도 사회주의자가 돼야 하는 이유, 사회주의 운동의 일부가 돼야 하는 이유인 것이다. 우리는 오늘날의 투쟁에서 긍정적 구실을 하고 싶고 자본주의에 대한 우리의 대안을 제출하고 싶다. 그러려면 운동 속에 훨씬 더 많은 사회주의자가 필요하다.

그러나 다른 것도 역시 진실이다. 여러분에게도 우리가 필요하다. 여러분이 세상을 바꾸고 싶더라도 혼자서는 할 수 없다. 개인으로서 성취할 수 있는 것은 많지 않다. 심지어 세상이 뭐가 잘못됐는지, 어떻게 달라질 수 있는지도 제대로 알지 못할 수 있다. 그러나 정의를 위한 모든 투쟁을 헌신적으로 옹호하는 조직의 일부라면 우리는 많은 것을 성취할 수 있다.

사회주의자들이 많은 투쟁에 참여한다는 사실은 우파들이 비밀을 폭로한답시고 떠들어 대는 숱한 비난의 근원이다. 우파들은 자신들이 비밀 음모를 폭로했다고 생각한다. 어떤 교사가 자신이 사는 도시에 반노동조합적인 차터스쿨이 설립되는 것을 반대했는데, 알고 봤더니 그 교사는 이스라엘이 가자지구에서 자행한 학살에 반대하는 행진에도 참가했고, 의료 사회화에 찬성하는 편지를 언론에 기고하기도 한 '전문 시위꾼'이었더라는 식이다. 대개 이런 교사의 사례는 우파들의 폭로 공세에서 반복해서 활용된다!

모든 억압과 불의에 맞서 싸우겠다는 우리의 결의는 어떤 음험한 비밀이 아니다. 우리는 그것을 자랑스러워 한다. 여러분은 사회주의자들이 성소수자 평등을 위해 운동을 조직하고, 대학에서 등록금 인상과 예산 삭감에 항의하는 농성과 점거에 참여하고, 작업장에서 노동조합 권리를 위해 투쟁하고, 정의롭지 않은 형사사법제도의 덫에 걸린 인종차별 피해자들을 방어하고, 반전시위를 벌이고, 전 세계에서 해방을 위해 투쟁하는 사람들에게 연대하는 광경을 볼 것이다.

아침에는 형편없는 미국 의료보험 제도에 항의하고, 오후에는 파업 노동자들과 함께 피켓라인을 지키고, 저녁에는 어떻게 환경을 구할 것인지 토론하는 포럼에 참석하는 사람들의 운동이 있다면, 그 운동의 일부가 되는 것을 누가 자랑스러워하지 않겠는가? 오늘 투쟁을 조직하는 데 헌신적인 활동가들이 과거 노동계급 운동의 역사를 배우지 말아야 하는 이유가 있겠는가? 그들이 자신의 노력을 더 나은 세상을 위한 투쟁 전통의 일부로 여기지 말아야 하는 이유가 있겠는가?

세계를 더 나은 곳으로 만들려는 수많은 노력에 최대한 참가하고자 하는 '사악한' 사회주의자들의 음모를 '발견'했다고 떠들어 대는 수다쟁이들에게 우리는 다음과 같이 대답한다. 우리는 오로지 우리 같은 사람이 더 많아지고 세계를 더 나은 곳으로 만들려는 노력도 더 많아지기를 바랄 뿐이라고. 그리고 이 결점[사회주의자와 사회변혁 노력이 아직 부족한 현실]을 최대한 빨리 바로잡고 싶다고.

사회주의자가 군이 대답하지 않아도 되는 질문은 어떻게 하면 계속 바쁠 것인가 하는 것이다. 조직하고 옹호해야 할 투쟁들은 우리 사회 도처에 널려 있다. 우리는 투쟁을 조직하고 옹호하면서 지금 당장 변화를 만들어 낼 수 있고, 현재 벌어지는 일상적 투쟁이 근본적 변화를 위한 더 큰 투쟁의 일부라는 것도 보여 줄 수 있다. 마르크스와 엥겔스는 150여 년 전에 다음과 같이 말했다. "공산주의자들은 노동계급의 당면 목표를 성취하고 일시적 이익을 실현하기 위해 싸우기도 하지만, 현재 운동에서 그 운동의 미래를 대변하고 옹호하기도 한다."

쟁취할 세계

우리는 추악하고 끔찍한 세계에 살고 있다. 그것은 가난, 기근, 환경 파괴, 전쟁으로 얼룩진 자본주의 세계다. 놀랄 만큼 많은 사람들에게 하루하루 생존하는 것 자체가 엄청난 고역이다. 나머지 대다수의 사람들도 아등바등 사는 게 버거워서 진정한 관심사나 하고 싶은 일에 신경 쓸 겨를이 없다.

그러나 사회적 통념에 따르면, 이것은 어쩔 수 없는 일이다. 우리가 사는 세상이 완벽하지 않을 수 있지만, 완벽한 세상이라는 것 자체가 몽상이라고들 한다. 지금의 세계야말로 최선의 세계이고, 장차 우리가 희망할 수 있는 최선의 것은 사태가 더 나빠지지 않게 하는 것뿐이란다. 한때 급진파였지만 지금은 〈파이낸셜 타임스〉 기자인 존 로이드는 2009년에 쓴 글(사회주의를 다룬 작은 책의 서평)에서 세상을 바꾸려는 시도를 거부하라고 경고했다. 로이드는 우리가 "충분히 좋은 사회"에 살고 있다고 생각하는 것이 더 낫다면서 다음과 같이 썼다. "사회적 기반이 튼튼한 자유민주주의가 우리가 이룰 수 있는 최선이며, 적어도 지금 우리 정부들의 핵심 책무는 그런 자유민주주의를 유지하려고 애쓰는 것이다. 아마 이것이 최선일 테니까 말이다."

이것이 최선이라고? 이보다 더 좋을 순 없다고? 해마다 어린이 600만 명이 영양실조로 죽는 세상이 최선이라고? 이라크, 아프가니스탄을 비롯해 세계 곳곳에서 벌어지는 학살이 최선이라고? 심지어 부유한 나라들조차 실업과 주택 가압류로 파탄 나고 있는데도 최선이라고? 인종차별, 성차별, 온갖 편견으로 시달리는 사회가 최선이라고? 생태 재앙으로 위협받는 지구가?

자본주의 옹호자들이 현 체제를 우리가 이룰 수 있는 최선이라고 생각한다는 사실이야말로 자본주의에 대한 가장 강력한 비난이다. 더구나 그들은 가난이 자연스럽고, 불평등이 모두에게 이롭고, 전쟁이 정의롭고, 인간은 연대와 자유의 정신으로 조직된 세상을 만들 수 없다고 끊임없이 강변한다.

우리가 새로운 사회를 만들려면 앞으로도 오랫동안 투쟁해야 할지 모른다. 그러나 여러분이 사회주의자들과 함께한다면, 적어도 다시는 이런 치사한 변명들에 안주하지 않아도 될 것이다.

사실, 수많은 사람들은 사회가 실패했는데도 이렇게 자기 만족적 변명이나 늘어놓는 것을 받아들이지 않는다. 그들이 자신을 반란자로 여기지 않을 수도 있고, 대안이 없다고 생각할 수도 있다. 불만을 친구나 동료에게만 털어놓거나 아니면 꾹 참았다가 텔레비전에 글렌 벡이나 루 돕스가 나오면 그들에게 욕을 퍼부을 수도 있다. 어떤 사람들은 다른 세계를 상상하는 예술 작품을 창조한다. 그러나 그들 모두 이 세계가 우리가 이룰 수 있는 최선이라거나 도저히 어찌할 수 없는 대상이라고 생각하지 않는다. 그리고 그중 몇몇은 이런 감정을 행동으로 옮겨, 자신을 위해서든 다른 사람을 위해서든 운동에 참여할 것이다.

지배자들의 권력이 너무 강력해서, 사회주의자들이 관심을 쏟는 많은 쟁점은 말할 것도 없고 심지어 단일 쟁점에서조차 지배자들의 권력에 도전할 수 없을 것 같은 때가 있다. 그러나 미국

흑인들도 짐 크로 시기에 남부를 지배한 잔인한 인종차별주의자들을 매우 두려워했다는 사실을 기억해야 한다. 동유럽 사람들도 자신들을 억압하는 독재자들이 너무 막강해서 무너뜨릴 수 없다고 생각했다. 남아프리카공화국의 아파르트헤이트 체제 시절 흑인들도 그랬고, 제정 러시아의 페트로그라드 노동자들도 그랬다. 역사상 모든 피억압자들이 그랬다.

투쟁의 설정이 언제 찾아올지 아는 사람은 아무도 없지만, 우리는 투쟁의 절정이 사전 조직화 작업에 따라 달라질 수 있다는 것을 안다. 로자 파크스, 패니 루 해머, 유진 뎁스, 엘리자베스 걸리 플린, 프레더릭 더글러스, 존 브라운, 웬들 필립스처럼 우리가 이름을 기억하는 수많은 사회주의자, 급진주의자, 반란자들이 없었다면, 또 우리가 기억하지 못하는 더 많은 사람들이 없었다면 역사는 아주 달랐을 것이다. 더 나은 세계를 위한 투쟁은 그들의 결정, 즉 남들이 뭔가를 해 줄 때까지 그저 기다리지는 않겠다는 결정에 달려 있었다. 그들은 오히려 저항을 선택했다.

저술가 마이크 데이비스는 미국 공영방송 〈PBS〉의 빌 모이어스에게 다음과 같이 말했다. "미국에서 사회주의자가 된다는 것은 급진주의와 노동운동의 위대한 역사에서 배울 뿐 아니라 그 역사를 부활시킬 책임을 진다는 뜻이다." 그것이 우리 앞에 놓인 과제다. 즉, 자본주의에 대한 사회주의적 대안을 제시하고, 그 대안을 변화를 위한 모든 운동의 일부로 만드는 것이다. 노동계급

운동의 풍부한 역사에서 저항 정신을 찾아내고, 그것을 오늘날의 투쟁 속에서 되살리는 것이다.

우리는 전쟁과 기아와 가난을 영원히 끝장낼 수 있는 세계에서 살고 있다. 도대체 왜 우리가 현 체제를 우리가 이룰 수 있는 최선이라고 여겨야 하는가? 사회주의자는 모든 억압에서 해방된 사회를 건설하기를 원한다. 연대와 민주주의의 원리 위에 건설될 그 사회에서는 우리가 우리 자신의 삶을 통제할 것이다. 그런 세계는 쟁취할 만한 가치가 있다.

유진 뎁스와 사회주의 사상

우리에게는 언제나 급진주의자이면서도 매력적인 사람들이 필요하다. 그래서 우리가 유진 빅터 뎁스를 기억하는 것은 당연하다. 90년 전 《프로그레시브》가 창간됐을 때, 뎁스는 사회당 지도자로 전국에서 유명했다. 시인 제임스 휘트컴 라일리는 뎁스를 두고 다음과 같이 썼다.

여전히 따뜻한 심장이 뛰고 있네
이곳과 재판정 사이에서

---

* 하워드 진은 《미국 민중사: 1492년부터 지금까지》의 저자다. 이 글은 1999년 1월 《프로그레시브》에 처음 실렸고, 저자와 《프로그레시브》의 허가를 받아 이 책에 재수록했다.

뎁스는 모든 사회주의자, 아나키스트, 급진주의자의 모범이었다. 신념이 확고했고, 남들에게 친절하고 다정했다. 뎁스는 제1차 세계대전을 반대하다 애틀랜타 교도소에 수감됐는데, 동료 재소자 샘 무어는 1921년 크리스마스에 뎁스가 석방되기 직전의 상황을 다음과 같이 회고했다.

나는 여전히 비참했지만, 뎁스가 내 손을 잡고 있는 한, 잔인한 운명을 거부할 수 있었다. 그가 크리스마스에 집에 간다는 걸 알았을 때, 나는 지구상에서 가장 비참하면서도 행복한 사람이었다.

뎁스는 애틀랜타에서 동료 재소자들의 마음을 얻었다. 다양한 방법으로 그들을 위해 싸웠고, 특권은 일절 거부했다. 그가 석방되던 날, 교도소장은 교도소 규칙을 무시하고 감방 문을 모두 개방해서 2000명이 넘는 재소자가 교도소 본관 앞에 모여 뎁스에게 작별 인사를 하게 해줬다. 뎁스가 감방에서 나와 복도를 걷기 시작하자 함성이 터져 나왔다. 돌아서는 뎁스의 얼굴에 눈물이 흐르고 있었고, 그는 다른 재소자들을 향해 팔을 벌렸다.

이것이 그의 첫 번째 투옥은 아니었다. 1894년, 아직 사회주의자가 아니었고 미국 철도노조 조직자였던 뎁스는 철도차량을 제조하던 풀먼팰리스의 파업 노동자들을 지지하는 전국적 철도 보이콧을 이끌었다. 철도차량 수백 대를 불태우며 철도 시스템을 마비시키고, 자본주의 국가와 정면으로 맞섰다. 전에 풀먼팰리스의 변호사였던 법무장관 리처드 올니가 철도운송 방해 행위를 금지하는 법원 명령을 얻어 냈다. 대통령 클리블랜드는 군대를 출동시켰다. 군대는 시카고에서 파업 지지자 5000명에게 발포하고 총검을 휘둘렀다. 700명이 체포됐고 13명이 총에 맞아 사망했다.

뎁스는 파업 선동 발언·행위를 금지하는 법원 명령을 어긴 죄로 수감됐다. 법정에서 그는 자신이 사회주의자가 아니라고 했다. 그러나 교도소에서 6개월을 지내는 동안 사회주의 문헌을 읽으며 파업 투쟁에 더 깊은 의미가 있다는 것을 깨닫게 됐다. 그는 나중에 다음과 같이 썼다.

나는 분쟁의 소용돌이 속에서 사회주의자로 거듭났다. 총검이 번득이고 소총이 불을 뿜을 때마다 계급투쟁이 모습을 드러냈다.

그 후로 뎁스는 노동자들의 대의와 사회주의 사회라는 이상에 평생 헌신했다. 1905년 세계산업노동자연맹IWW 창립 대회에서 뎁스는 마더 존스, 빅 빌 헤이우드와 함께 연단에 섰다. 그는 뛰어난 연설가였다. 긴 상체를 연단 앞으로 내밀려 팔을 크게 흔들었다. 전국 곳곳에서 수많은 사람들이 그의 연설을 들으러 왔다.

1914년 유럽에서 전쟁이 시작되고, 미국에서 대對독일 전쟁 열기가 뜨거워지자 몇몇 사회주의자들은 전쟁 '준비' 여론에 굴복했지만 뎁스는 단호히 반대했다. 1917년 대통령 윌슨과 의회가 미국을 전쟁으로 끌고 들어가자 표현의 자유가 사라졌다. 군 입대를 말리는 주장은 간첩죄로 처벌됐다.

머지않아, 1000명에 가까운 사람들이 전쟁에 반대해서 감옥에 갔다. 미국독립혁명을 다룬 영화 〈1776년의 정신The Spirit of '76〉 제작자에게는 10년 형이 선고됐다. 영국과 미국이 동맹국인 상황[제1차세계대전]에서 영국에 반대하는 정서를 부추긴다는 이유였다. 이 소송 사건의 공식 이름은 '미국 대 1776년 정신'이 됐다.

오하이오 주 캔턴에서 뎁스는 전쟁을 반대하다 감옥에 갇힌 사람들을 지지하는 연설을 했다. 그는 청중에게 다음과 같이 말했다.

역사를 통틀어 전쟁은 정복과 약탈을 위한 것이었습니다. 요컨대, 전쟁이란 그런 것입니다. 항상 지배계급이 전쟁을 선포하면, 피지배계급이 전쟁터에 나가 싸웠습니다.

뎁스에게 유죄 판결을 내리고 징역 10년 형을 선고한 판사는 "국가가 외국의 폭력에 맞서 자신을 방어하고 있는데, 그 국가의 손에서 칼을 빼앗으려 하는 자들"을 비난했다.

뎁스는 법정에서 어떤 증인도 신청하지 않은 채 다음과 같이 진술했다. "저는 전쟁을 방해한 혐의로 기소됐습니다. 인정합니다.

저는 전쟁을 혐오합니다. 혼자서라도 전쟁을 반대할 것입니다." 선고 전에 뎁스가 판사와 배심원단에게 한 말은 평생 그가 한 말 중 아마 가장 유명한 말일 것이다. 나[하워드 진]는 최근 뎁스의 고향인 인디애나 주 테러호트에 다녀왔다. 그를 기리는 추모객 200명이 모였고, 우리는 그날 저녁 뎁스의 이 말을 암송하며 행사를 시작했다. 처음 읽었을 때나 지금이나 매우 감동적인 구절이다.

하층계급이 있는 곳에 저도 있습니다. 범죄자가 있는 곳에 저도 있습니다. 감옥에 갇힌 영혼이 있는 한 저는 자유롭지 않습니다.

'진보적'이라던 올리버 웬들 홈스[*]는 대법원의 만장일치 견해를 대변하면서 그 판결을 지지했는데, 근거는 뎁스의 연설이 군대의 징병을 방해할 의도였다는 것이었다. 전쟁이 끝났을 때, '진보적' 대통령 우드로 윌슨은 뎁스가 65세인 데다 건강도 좋지 않으므로 석방하자는 법무장관의 제안을 거절했다. 뎁스는 32개월 동안 감옥에 있었다. 결국 1921년 공화당 대통령 워런 하딩이 크리스마스 특사로 뎁스를 석방했다.

자본주의, '자유 시장,' '사기업'이 전 세계에서 환영받는 오늘날은 뎁스를 기억하고 사회주의 사상을 되살리기 좋은 때다.

---

* 1902~32년 미국의 연방 대법관을 지낸 자유주의자.

소련 해체를 사회주의가 실패한 증거로 보는 것은, 스탈린이 만들어 낸 흉측한 독재 체제를 전 세계의 수많은 사람들에게 영감을 준 평등하고 민주적인 사회로 착각하는 것이다. 사실, 사회주의 사상의 가짜 대변인인 소련이 제거된 덕분에 새로운 기회가 생겨났다. 이제 자본주의의 폐해로 고통받는 세계에 진정한 사회주의를 다시 도입할 수 있게 된 것이다. 민족적 증오, 끝없는 전쟁, 몇몇 선진국의 소수가 부를 독차지하고 나머지 다수는 배고픔, 노숙, 불안에 시달리는 자본주의 세계에 말이다.

여기 미국에서 우리는 사회주의(이윤이 아니라 소비를 위한 생산, 경제적·사회적 평등, 전 세계 인류의 연대)에 대한 열정이 소련 출현 전에 절정에 달했다는 것을 상기해야 한다.

뎁스의 시대, 즉 전쟁 덕분에 운동을 분쇄할 수 있게 된 1917년 전까지는 수많은 미국인이 사회주의 사상을 지지했다. 당시는 격렬한 노동자 투쟁의 시기였다. 뉴욕의 여성 의류 노동자들이 대규모 파업을 벌이고, 매사추세츠 주 로렌스 직물 노동자들의 다인종 파업이 승리하고, 콜로라도 광원들이 엄청난 용기로 록펠러 가문의 부와 권력에 맞서 싸운 시기였다. 혁명적이고 급진적인 세계산업노동자연맹이 결성돼, 숙련과 비숙련, 흑인과 백인, 남성과 여성, 미국인과 외국인 등 모든 사람을 아우르는 '하나의 거대한 노동조합'을 추진했다.

100만 명 넘는 사람들이 〈어필 투 리즌Appeal to Reason〉 같은 다양한 사회주의 신문을 읽었다. 오늘날로 치면, 300만 명 넘는 미국인이 사회주의 신문을 읽는 것과 같다. 사회당은 당원이 10만 명이었고, 340개 지역에 상근자가 1200명 있었다. 특히 남서부에서, 그리고 소작농, 철도 노동자, 광원, 벌목공 사이에서 강력했다. 1914년 오클라호마에는 당비를 내는 당원이 1만 2000명이었고, 지구당 상근자가 100명이 넘었다. 오클라호마는 열정적인 케이트 리처즈 오헤어*의 고향이었다. 전쟁을 반대하다 투옥된 오헤어는 어느 날 천장에 책을 던져 채광창 유리를 깨뜨렸다. 신선한 공기가 악취 나는 감방 안으로 들어오자 동료 재소자들이 박수를 쳤다.

　이 모든 것을 되새기는 이유는 정치체제에서 소외된 사람들에게 사회주의 사상의 강력한 호소력을 일깨우고, 소득과 부의 불균형 심화를 깨닫게 하려는 것이다(정치적 소외와 빈부 격차 심화는 오늘날 많은 미국인의 현실이다). '사회주의'라는 말 자체는 최근까지 못된 곳에서 그 이름을 도용한 경험 때문에 여전히 왜곡돼 있을지 모른다. 그러나 전국 곳곳을 돌아다녀 보거나 지난 10여 년 동안 여론조사를 주의 깊게 살펴본 사람이라면 아주 많은 미국인들이 무엇이 정당한 사회의 근본 요소여야 하는지에 동의한다는 것을 알 수 있다. 누구에게나 음식, 주거, 의료 서비

---

* 제1차세계대전 당시 반전 활동을 벌인 사회주의자.

스가 보장되는 것, 총과 폭탄이 아니라 식량이 더 나은 '국가 안보' 정책이라는 것, 기업 권력을 민주적으로 통제하는 것, 인종·성·성적 지향의 차이를 떠나 모든 사람이 동등한 권리를 누리는 것, 우리 부모와 조부모가 그랬듯이 미등록 이민자들에게도 권리를 인정하는 것, 전쟁과 폭력은 결코 폭정과 불의의 해결책이 될 수 없다는 것 등이 그런 요소일 것이다.

정치적 스펙트럼과 무관하게, 사회주의라는 말을 두려워하는 사람들이 있다. 내 생각에 중요한 것은 말 자체가 아니다. 고통을 겪는 대중에게 대담하면서도 매력적인 그런 사상을 제시하는 결단성이다(그런 사상은 더 대담할수록 더 매력적인 법이다). 그래서 뎁스와 사회주의 사상을 기억하는 것이 우리에게 유익한 것이다.

감사의 말

이 책은 *The Case for Socialism*의 제3판이다. 2판과 3판 모두 최근 상황을 반영한 '업데이트 판'을 내려고 시작했지만, 일이 점점 커지더니 '전면 개정판'이 되고 말았다. '터무니없이 길어져서 천년만년 집필한 전면 개정판'이라고 하는 편이 더 정확할 듯하다. 그 오랜 시간 동안 내가 좌절하지 않도록 격려하고 지도해 준 헤이마켓 출판사의 아메드 쇼키Ahmed Shawki, 앤서니 아노브Anthony Arnove, 줄리 페인Julie Fain에게 감사하다는 말을 전하고 싶다.

시간을 내서 이 책의 전부, 또는 일부를 검토해 준 분들에게도 큰 도움을 받았다. 내 실수를 바로잡아 주고 조언을 아끼지 않은 랜스 셀파Lance Selfa, 타드 크리션Todd Chretien, 말린 마틴Marlene Martin,

다오 트란Dao Tran, 브라이언 존스Brian Jones, 조시 온Josh On, 레이첼 코언Rachel Cohen에게 깊은 감사를 드린다.

인터넷 웹사이트 SocialistWorker.org와 신문 〈소셜리스트 워커〉를 위해 재능을 발휘한 분들에게도 큰 빚을 졌다. 특히 주요 필자인 리 서스타Lee Sustar, 엘리자베스 셜트Elizabeth Schulte, 에릭 루더Eric Ruder, 니콜 콜슨Nicole Colson, 데이비드 화이트하우스David White-house와 오랫동안 손발을 맞춘 경험은 지식을 쌓고 세상을 이해하는 데 큰 도움이 됐다. 이 책 곳곳에 그들의 말과 글이 스며들어 있다. 〈소셜리스트 워커〉의 다른 필자들도 그에 못지 않은 도움을 줬다.

이 책은 사회가 변하길 바란다면 투쟁에 뛰어들라는 전제에서 출발한다. 나는 25년 넘게 국제사회주의자단체International Socialist Organization의 회원으로 살았고, 이 책에 담긴 것은 모두 그런 활동의 결과다. 지금까지 열거한 분들과 더불어, 이 책을 쓰는 데 도움을 준 섀런 스미스Sharon Smith, 폴 다마토Paul D'Amato, 빌 로버츠Bill Roberts, 셰리 울프Sherry Wolf, 제니퍼 로시Jennifer Roesch, 조엘 가이어Joel Geier, 애슐리 스미스Ashley Smith, 필 개스퍼Phil Gasper, 데이브 자린Dave Zirin, 숀 하킨Shaun Harkin, 애덤 털Adam Turl에게도 감사드린다.

지면과 기억력이 받쳐 주지 않아 훨씬 더 많은 분들에게 감사 인사를 드리지 못해 아쉽다. 변혁 운동에 참가해 그들과 정치 토론을 하면서 배운 것이 없었다면, 이 책은 아주 빈약한 책이 됐을 것이다. 가수 스프링스틴Springsteen과 펑크 밴드 클래시Clash의 노래 가사 인용문 정도만 남지 않았을까 싶다.

스프링스틴 얘기가 나와서 말인데, 음악이라는 것을 만들어 낸 분들에게도 감사드리고 싶다. 그분들이 없었다면 이 책을 결코 마무리하지 못했을 것이다.

마지막으로 데이지 마스Daisy Maass와 말린 마틴을 인급하지 않을 수 없다. 밤낮없이 변덕을 부리고 딴전을 피우는 나를 오랫동안 참아 줬기 때문이다. 두 사람이 이 책을 좋아하길 바란다. 그리고 그들을 사랑하는 내 마음과 삶이 이 책에 담겨 있다는 것을 알아 주길 바란다.

더 읽을거리

이 책에는 주석이 없다. 초판과 2판을 냈을 때도 출처를 밝히지 않았다고 불평을 들었다. 미안한 일이지만, 나는 기자고, 이 책도 기사처럼 썼다. 그러나 인용한 자료나 사실관계의 출처가 없는 것은 아니다. maass@socialistworker.org로 전자우편을 보내면 출처를 알려 주겠다.

이 책에 담긴 사상을 더 공부하고 싶으면 먼저 신문 〈소셜리스트 워커〉의 웹사이트 SocialistWorker.org를 보라. 2008년부터 날마다 업데이트되는 SocialistWorker.org에는 〈소셜리스트 워커〉기사를 쓰던 기존의 모든 필진뿐 아니라, 미국과 국제 좌파 진영의 다양한 필자 글도 올라온다. 미국과 세계 곳곳의 정치 상황을 설득력 있게 분석한 글과 사회주의 전통의 역사와 사상을 다룬 기사들을 볼 수 있을 것이다. 내 생각에는 전국에서 벌어지는 투쟁 소식들도 그에 못지않게 중요하다. 이 소식들은 더 나은 세상을 쟁취하려는 사람들의 생각과 행동을 아래로부터 관점에서 보여 준다.

《인터내셔널 소셜리스트 리뷰International Socialist Review》는 최상의 좌파 저널로 손꼽히는 격월간지이며, 오늘날의 다양한 정치 쟁점에 대한 사실관계와 관점, 역사적·이론적 문제들에 대한 논의를 다룬다.

읽을 만한 책으로는 무엇이 있을까? 폴 다마토의 《마르크스주의의 의미The Meaning of Marxism》[국역: 《마르크스주의란 무엇인가?》(가제), 책갈피, 근간]가 가장 좋다. 이 책은 카를 마르크스와 그의 동료 프리드리히 엥겔스의 저작부터 후세대 마르크스주의자들의 저작으로 이어지는 사회주의 전통의 기본 사상을 탁월하게 소개한다. 다마토는 매우 난해한 개념을 쉽게 설명하는 빼어난 재주가 있다. 다마토는 마르크스와 마르크스주의자들의 글을 길게 인용하기도 하지만, 학자들의 주장과 달리 마르크스나 마르크스주의자들이 따분하고 난해한 이론가는 결코 아니었음을 보여 준다.

헤이마켓 출판사는 중요한 정치적 문제들을 사회주의 이론과 투쟁의 역사에 비춰 살펴보는 뛰어난 책들을 펴내고 있다. 아메드 쇼키의 《흑인 해방과 사회주의Black Liberation and Socialism》, 섀런 스미스의 《여성과 사회주의: 여성해방 글 모음Women and Socialism: Essays on Women's Liberation》, 셰리 울프의 《성과 사회주의: 성소수자 해방의 역사·정치·이론Sexuality and Socialism: History, Politics, and Theory of LGBT Liberation》도 꼭 읽어 보라.

사회주의를 옹호하는 저작으로 단연 으뜸은 160여 년 전 마르크스와 엥겔스가 쓴 《공산당 선언》이다. 헤이마켓 출판사가 낸 최신판에는 《선언》 해설과 함께 필 개스퍼가 엮은 부록이 있다. 부록에는 마르크스와 엥겔스가 남긴 관련 문헌들과 오늘날에도 마르크스주의가 유효한 이유를 설명하는 뛰어난 글이 실려 있다. 《공산당 선언》과 함께 읽고 또 읽어야 할 마르크스주의 고전이 많다. SocialistWorker.org에는 마르크스, 엥겔스, 룩셈부르크, 레닌, 트로츠키의 저서들을 소개하는 '사회주의 고전 10선'이라는 연재 기사가 있다. 그 목록은 http://socialistworker.org/series/Ten-socialist-classics에서 확인할 수 있다.

현재를 이해하려면 과거를 알아야 한다. 지배자들이 사회를 어떻게 지배했고 민중이 어떻게 저항했는지를 모두 알아야 한다. 미국 노동계급 운동을 이해하고 싶으면 섀런 스미스의 《지하의 불: 미국 노동계급 급진주의의 역사Subterranean Fire: A History of Working-Class Radicalism in the United States》를 꼭 읽어 보라. 이 책은 알려지지 않은 미국 노동계급의 역사를 들려주면서, 그 역사를 미국의 정치적·사회적 맥락 속에서 이해하게 해 준다. 랜스 셀파의 《비판적으로 보는 민주당 역사The Democrats: A Critical History》도 이른바 '서민 정당'이라는 민주당의 역사를 파헤치면서, 미국 정치의 가장 중요한 문제들을 분석하는 뛰어난 책이다.

여기까지 제시한 책들은 초심자용이고 그 밖에도 읽어야 할 책은 훨씬 더 많지만, 책 소개는 일단 여기서 멈추겠다. 그러나 꼭 짚고 넘어가야 할 주제가 있다. 바로 러시아 혁명이다. 사회주의를 옹호한다면 이 주제를 결코 그냥 넘길 수 없다. 가장 먼저 읽을 책은 《세계를 뒤흔든 열흘Ten Days That Shook the World》[국역: 《세계를 뒤흔든 열흘》, 책갈피, 2005]이다. 이 책은 미국 언론인이자 사회주의자였던 존 리드가 기록한 러시아 혁명 목격담이다. 레온 트로츠키의 《러시아혁명사History of the Russian Revolution》[국역: 《러시아 혁명사》 상·중·하, 풀무질, 2003~04]는 1200쪽이 넘는 방대한 저작이지만, 어느 한 쪽 버릴 게 없는 뛰어난 작품이다. 토니 클리프의 《레닌Lenin》[국역: 《레닌 평전》 1~3, 책갈피]과 《트로츠키Trotsky》 시리즈는 두 혁명 지도자의 사상에 대한 탁월한 길잡이고, 던컨 핼러스의 《코민테른The Comintern》[국역: 《우리가 알아야 할 코민테른 역사》, 책갈피, 1994]은 러시아 혁명이 전 세계에 미친 영향을 보여 준다. 혁명 이후에 러시아에서 벌어진 일을 이해하려면 《러시아: 노동자 국가에서 국가자본주의로Russia: From Worker's State to State Capitalism》를 보라.

끝으로 이 책을 마치기 전에 되새기고 싶은 사회주의자들이 있다.

2004년 이 책의 2판을 완성하고 나서 몇 달 뒤에 영국인 사회주의자이자 기자였던 폴 풋Paul Foot이 세상을 떠났다. 풋은 사회주의를 다룬 짧은 책과 소책자를 여러 권 썼는데, 그중 하나가 《사회주의를 옹호하며The Case for Socialism》[이 책의 영어 원서 제목이기도 하다]였다. 오랫동안 나는 풋의 저작에서 많은 부분을 빌려(심하게 말하면 훔쳐) 왔고, 지금도 그러고 있다. 풋은 뛰어난 연설가였으며 지금까지 내가 본 가장 뛰어난 기자였다. 풋이 쓴 책이라면 무엇이든 사 보라. 저술가 지망생에게 조언 하나 하자면, 폴 풋과 또 한 명의 영국인 사회주의자 조지 오웰George Orwell의 글을 많이 읽고, 그들처럼 쓰려고 노력하라.

2009년 말에는 영국인 사회주의자이자 영국 사회주의노동자당 SWP 당원인 크리스 하먼Chris Harman이 갑자기 세상을 떠났다. 하먼은 훌륭한 입문서인 《마르크스주의는 어떻게 작동하는가?How Marxism Works》[국역: 《쉽게 읽는 마르크스주의》, 북막스, 2000] 외에도 방대한 주제를 다룬 탁월한 저작들을 많이 남겼다. 하먼이 다룬 분야는 너무 많아서 어느 하나를 콕 찍어 추천하기 어렵지만 《민중의 세계사A People's History of the World》[국역: 《민중의 세계사》, 책갈피, 2004]를 추천하겠다. 하먼은 이 책에서 수천 년 전 인류가 최초로 정착 생활을 시작했을 때부터 오늘날 국제적인 자본주의 체제가 들어서기까지의 역사를 마르크스주의 관점에서 설명하고 있다.

그리고 이 개정판을 마무리하는 순간 하워드 진Howard Zinn의 부고를 들었다. 후기로 실은 유진 뎁스Eugene V Debs 관련 글이 바로 진이 쓴 글이다. 진은 독특한 인물이었다. 역사를 바꾼 역사가였다. 수많은 사람들이 진이 쓴 책을 읽고 미국 역사의 핵심에 있는 폭력과 불의를 알게 됐고 그에 맞선 저항의 전통에 눈을 떴다. 진은 공민권운동에서 반전운동까지, 지난 수십 년 동안 일어난 중요한 여러 투쟁에도 동참했다. 그럴 일은 별로 없겠지만, 혹시라도 아직 그의 책을 읽지 않았다면,《미국 민중사A People's History of the United States》[국역:《미국 민중사》1~2, 이후, 2008]와 그 자매편 격으로 앤서니 아노브가 주요 자료들을 모아서 엮은《미국 민중사의 목소리Voices of a People's History of the United States》[국역:《미국 민중사를 만든 목소리》, 이후, 2011]를 꼭 읽어 보라.